決定版 日本の雛人形

江戸・明治の雛と道具 六〇選

是澤博昭 著
大屋孝雄 撮影

淡交社

Hina Dolls of Japan: The Definitive Edition

決定版

日本の雛人形

江戸・明治の雛と道具 六〇選

是澤博昭 著
大屋孝雄 撮影

はじめに

日本ほど種類が豊富で質の高い人形にあふれている国は、世界でも例をみないといわれる。なかでも人形に素朴な信仰心が溶け合って、子どもの健やかな成長を願う年中行事にまで発展した雛祭りは、日本ならではの伝統行事だ。

江戸時代に入り、祓《はら》いのヒトガタは美しい衣装をまとった雛人形へと姿を変え、雛祭りは娘の健やかな成長を願い、祈り、祝う行事となった。三月三日は、大人も子どもも身分を超えてすべての女性を楽しませる特別な日となり、その賑わいが人々の遊び心と溶け合って、いつの間にかさまざまな雛人形をつくりだす。

それに関心をしめした風俗考証家（山東京伝《さんとうきょうでん》・喜多村信節《きたむらのぶよ》など）により、江戸時代後期に雛祭りに関する基本文献が精査され、それが昭和の人形研究の土台となった。昭和一八年に出された有坂与太郎『雛祭新考』は、今でも雛祭り研究の水準をしめす書といえるし、後に講談社学術文庫に収録された山田徳兵衛『新編日本人形史』（昭和三六年）は、啓蒙的な著作として、多くの人々から指針とされてきた。だが時代の制約もあり、それらの業績は文献の紹介やモノを中心とする考察であり、その文化史的意味にまで踏み込んで雛祭りを概観するには無理があったかもしれない。

そこで本書は、これまでに確認することのできた伝来の確かな雛人形の名品を集め、できる限り時系列にそって様式別に分類した。そしてこれまでの研究を整理した上で、近年の研究成果を重ね合わせ、社会的背景やその担い手である人々の生活に言及することで、雛祭りを生み出した日本人の心性の一端に迫ることを目指している。

ここで紹介する雛人形や道具は、その時代を象徴する逸品ばかりだが、筆者が目にしたものに限られている。おそらく未発見の名品が全国には多く埋もれていると思われる。その意味では、現時点における「決定版」であることを、あらかじめお断りしておきたい。

日本の雛人形

目次

第一章　雛人形の様式

名品からの紹介

第二章　武家から公家へ

雛の品格

【本書の見かた】

・雛人形の写真に付した男雛と女雛のサイズは、冠・台座なしの高さとした。

・各雛人形の所蔵先等は、巻末に一覧した。

・第一章から第四章のカラー頁の説明は簡潔にまとめ、テキスト編「雛遊びから雛祭りへ」に詳細を載せた。各カラー頁に対応するテキスト頁は「▼00頁」で示した。

第一章

雛人形の様式

名品からの紹介

現在書物などで確認される古い形の雛人形は
男女一対の立ち姿の立雛だ。
やがて一八世紀に入り雛飾りが盛んになると
安定のよい内裏《だいり》雛（坐った姿の雛）が雛段の主役になり
さまざまな人形へと発展する。
立雛と内裏雛の典型的な様式を紹介しよう。

最古の形式
立雛
Tachi-bina

その多くは衣装が紙でつくられていることから「紙雛」とも呼ばれる。男雛は小袖《こそで》に袴《はかま》姿で、神社のお祓いに使われるヒトガタのように手を左右に開いている。女雛は筒状につくられた長着の上に細い帯を締める。

もっとも古い形の雛人形だが、江戸時代を通じてつくられた。草創期には内裏《だいり》雛と並んで飾られている絵がよくみられる。▼97頁

〈立雛〉 男雛 61.5 ㎝・女雛 45 ㎝
「丸顔に引き目・鉤鼻《かぎはな》」の次郎左衛門頭《かしら》に、松竹梅に鶴亀のめでたい図柄の揃いの衣装をつけている。上品さを失うことなく、ここまで大型で迫力のある立雛は類例をみない。

A pair of standing hina dolls. This is the earliest style of hina doll and examples can be found throughout the Edo period. Most of them wear costumes made from paper, thus they are also known as Kami-bina (paper dolls).

〈立雛〉 男雛 35 cm・女雛 24.5 cm

江戸時代後期になると、髪を植えるなど内裏雛の頭《かしら》と変わらないものが多い。人形師のつくる頭を内裏雛と共有したのだろう。形はシンプルだが完成度は高い。

初期の内裏雛

寛永雛

Kanei-bina

もっとも古い内裏雛の一つだと考えられる。立った姿から坐った形への、過度期の雛人形といえるだろう。比較的小さな雛で、立雛の形の影響か、女雛は袖を両側に開き、手先もつくられていない。男雛は、頭と冠が一体の木彫造りで、髪と冠はともに墨で塗られている。なお寛永・享保の名は製作年代とは一致しない。▼98頁

〈寛永雛〉 男雛 13.7 ㎝・女雛 10.6 ㎝

頭は面長で額の生え際に作り眉を描く。女雛は袴姿で、その中に綿を入れて厚くふくらませている。

One of the earliest styles of hina doll in a sitting posture. Most of them are small at around 12cm in height. Female dolls spreading their arms were originally made without hands.

〈寛永雛〉 男雛 14 ㎝・女雛 11 ㎝

男雛は手をそなえ、わずかだが胡粉《ごふん》を盛り上げ形をつくっている。寛永雛はあまり大きなものはない。

町家にはやる 享保雛

Kyôho-bina

寛永雛がさらに発展したものと思われ、町家を中心に流行する。享保雛と呼ばれるものの中にも新旧二様あるが、いずれも顔は面長《おもなが》で、女雛の袴に綿を入れ厚くふくらませ、男雛は束帯《そくたい》に似た装束で袖が横に張っていることなどが共通している。金襴や錦など上質の織物を装束に使っているものもある。顔の形が里芋をむいたようなので、「芋雛」とも呼ばれた。▼98頁

This is a style that evolved from Kanei-bina and became popular among townspeople. The style changed from its earlier examples to the later ones. Both styles share common characteristics, such as a long-face, and the female dolls are adorned with cotton swelled hakama skirts and layers of thick kimonos.

〈古式享保雛〉 男雛 14.3 cm・女雛 11.7 cm

古式は頭の作りも寛永雛に近く、比較的小さな雛が多い。男女とも髪は植えられていないが、女雛には手が添えられている。▶101頁

〈**古式享保雛**〉 男雛 26.2 ㎝・女雛 22.5 ㎝
江戸時代中期より酒造業を営んでいた柳澤家の雛は、状態、質の高さ、どれをとっても群を抜いている。目の切れも深く、衣装も金襴だ。新式との過渡期の優品だろうか。

町家にはやる

享保雛

Kyôho-bina

〈**享保雛**〉 男雛 35.5 ㎝・女雛 34 ㎝

女雛は、袿《うちぎ》を五枚重ねる五衣《いつつぎぬ》に似せた衣装で、重ねた部分を左右に張って誇張している。関東近県を中心につくられる地方の雛の中には、近年まで享保雛の名残がみられた。

〈**享保雛**〉　男雛 59.7 cm・女雛 62.8 cm

南部藩の剣道指南の家に伝来したもの。新式の享保雛は大形のものも多い。能面のような面長な顔立ち。男雛は冠をつけ、笏《しゃく》をもち太刀《たち》を佩《は》き、平緒を下げて一見束帯風だが、胸前や袖に括緒《くくりお》が付いている様子は狩衣《かりぎぬ》のようでもある。庶民が思い描く高貴な人々の姿なのだろう。

The Jirōzaemon-hina is characterized by painted narrow eyes, a small doglegged nose and a round face. This style is named after a dollmaker in Kyoto called Jirōzaemon, which was a purveyor to the Tokugawa Shogunate and thus whose products were highly valued as the recognized standard of hina dolls among the upper warrior families and court nobility.

武家・公家用の
次郎左衛門雛
Jirôzaemon-hina

京の人形屋雛屋次郎左衛門に由来するとされる。丸顔に引き目・鉤鼻《かぎはな》の独特の表情をもつ。雛屋は幕府の御用をつとめて、江戸に屋敷を賜っていた。いわば、雛の本流として、上級の武家や伝統を重んずる公家などでは、この雛は長く重用され、一般的な流行と関係なくつくり続けられた。▼100頁

〈次郎左衛門雛〉 男雛 12.5 cm・女雛 11.5 cm
金襴の装束をつけている一対。時代が古いと考えられる雛は、手足が付けられていないことも特徴の一つだ。

〈次郎左衛門雛・真龍院所縁〉　男雛 38.5 cm・女雛 28.5 cm

加賀藩主 12 代前田齋廣《なりなが》の正室隆子（真龍院）の嫁入り後の初節句（文化 5 年・1808）に贈られた雛。次郎左衛門雛は大名家などでも重用された。

公家の礼式を映す
有職雛
Yûsoku-bina

有職雛は、髪型から衣裳の形式と色柄・織りまで、公家礼式の忠実な再現となっている。公家の衣裳は、位階・年齢や季節によっても異なるために、さまざまな装束のものがあり、また、着せ替えができる人形もつくられた。

一八世紀に入り、武家と公家との結びつきが強くなるに従い、三月の上巳《じょうし》の節句と融合した武家風の雛遊びが、公家の日常生活の中に浸透する。しかし、それでも公家ならではの雛を彼らは創り出す。

▼103頁

〈有職雛・直衣《のうし》姿〉 男雛 39 ㎝・女雛 30.5 ㎝

天保 7 年(1836)光格天皇より皇女に下賜された。男雛の直衣は天皇をはじめ高位の人の平常の服装。冬物は白、夏物は二藍《ふたあい》(紅と藍を合わせた色)などで、この直衣は冬物である。

This style of hina doll is clad in exact replica hair-styles and costumes of noble court families. Such dress codes were known as yūsoku. Many styles of costumes can be found, and some of these dolls can be dressed like play dolls. (See page 40)

〈有職雛・狩衣《かりぎぬ》姿〉 男雛 21 ㎝・女雛 16 ㎝

男雛の狩衣は貴族の日常着で、袖を括《くく》るための紐が袖口に付いている。烏帽子《えぼし》をかぶり、笏《しゃく》ではなく中啓《ちゅうけい》(扇の一種)をもつものが多い。

江戸で生まれた 古今雛

Kokin-bina

安永（一七七二〜八一）の終わり頃から、江戸の町に流行する。目にガラス（玉眼《ぎょくがん》）をはめ込んで写実的に顔をつくり、女雛の袖に金糸や色糸で刺繍をするなど、有職《ゆうそく》を無視した豪華な雛人形だ。町雛でありながら、大奥や武家の女性たちにも珍重された。ただし、京風をはじめさまざまな形に発展したため、その特徴を一言では表しにくい。今日、享保雛以降の町雛の形を一括して古今雛と呼んでいる。▼112頁

〈古今雛〉 男雛 36.2 ㎝・女雛 32.2 ㎝

男雛の衣装は、雲龍・桐に鳳凰文様の金襴で、女雛の袖には諏訪家の家紋に似た「丸に穀《かじ》の葉」紋の縫い取りがある。冠から垂れ下がる瓔珞《ようらく》は赤と透明な白い玉。ガラスの目はすがすがしく光る。一尺（30 ㎝）を超す豪華絢爛たる江戸風の古今雛だ。

This style of hina doll emerged around 1780 and became popular in Edo. The facial expression is realistic, and the clothes are gorgeous without being bound by a certain dress code. Not only townspeople but also women in the imperial court and warrior families treasured this style of doll. Nowadays, all varieties of hina dolls since the Kyoho-bina are collectively called Kokin-bina.

〈古今雛〉 男雛 33.5 ㎝・女雛 26.5 ㎝

女雛の目は玉眼で、袖には精緻な刺繍がほどこされている。京風と江戸風のエッセンスを見事に調和させた古今雛の逸品だ。

◉江戸風の古今雛

Edo-style Kokin-bina

〈**古今雛**〉　男雛 55 ㎝・女雛 50 ㎝

備前岡山藩主池田家の重臣の家に伝わる。池田家伝来の雛だろうか。町の賑わいを感じさせる豪華さを超え、粋を通りこした気品がみなぎる。上質で完成度も高い、上層の人々が寵愛した最高級の古今雛である。

◉京風の古今雛

Kyoto-style Kokin-bina

〈京風古今雛〉　男雛 30 ㎝・女雛 28 ㎝

幕末に広島から尾道に嫁いだ人が持参したという大坂製の雛。「文久元年酉三月　河内屋常七」の墨書があり、箱の中に「平野町□大□筋／□雛人形職／□雛屋佐兵衛」の商標が添付されている。やや派手さを抑えた衣装、瓔珞《ようらく》の色などに上方《かみがた》の風情がただよう。両袖の刺繍はそれぞれ微妙に異なり、目立たない工夫が施されている。目には玉眼が入っている。

◉明治の古今雛

Kokin-bina in the Meiji Period

〈古今雛十七人揃い〉 男雛 20 cm・女雛 16.2 cm

江戸の匂いを漂わせる明治の古今雛。内裏雛の箱には、「桃柳軒玉山」のラベルがある。雛市がたつことで有名な江戸十軒店《じっけんだな》の川端玉山《かわばたぎょくざん》は、原舟月《しゅうげつ》とならぶ名工であった。文政頃の川柳には、「雛市に月と山とは値が高し」ともよまれている。ちなみに官女には、雛屋次郎左衛門ゆかりの店「永徳斎」のラベルがついている。19 世紀に入っても、江戸の雛製作の伝統が連綿と受け継がれていたことを伝える、貴重な資料だ。▶118頁

雛人形の名称❶

寛永雛・享保雛

「寛永雛」「享保雛」など、まことしやかに時代の呼称をつけているものがあるが、これは製作年代を意味するのではなく、一つのスタイルにつけられた名称にすぎない。明治期から大正期にかけて好事家《こうずか》が命名したもので、例えば、「享保雛」は享保頃（一七一六〜三五）から寛政頃（一七八九〜一八〇一）まで最も流行した雛という意味だが、確かな根拠があるわけではない。

雛人形にかぎらず現存する人形の製作年代は、古くても江戸時代後期（一八〇〇頃〜一八六八）がほとんどだ。これらの名称は誤解をまねきやすいが、寛永雛・享保雛はある程度定着しているため、これに従わざるを得ない。

ただし、男雛の天冠と頭を共作りにしたものを一部では「元禄雛」とすることがある。たしかに元禄頃（一六八八〜一七〇三）から文献に坐った姿の雛がみられる（『日本歳時記』など）が、それを根拠としているわけではなく、享保雛より古い形式の雛というだけの意味であり、比較的新しい呼称でもある。よけいな混乱をまねく恐れがあるので、本書では「元禄雛」という名称は用いず、「古式享保雛」とした。

古今雛・次郎左衛門雛

次郎左衛門雛・古今雛は江戸期からの呼称だ。古今雛は、江戸の町人がつくりあげた雛で、「親王雛」「古今雛」などと呼ばれていたが、のちに古今雛の名が定着する。古今雛は上方《かみがた》（京都・大坂）に波及し、古今様式の京風雛を生みだした。その場合は「京風古今雛」と表記する。

「次郎左衛門雛」は京都の人形屋雛屋次郎左衛門がつくりはじめたとされる人形だ。雛屋は幕府の御用をつとめていたため、上級の武家や伝統を重んずる公家などでは、この雛は長く重んじられてきた。

また宝暦頃（一七五一〜六二）に雛屋の江戸店《だな》ができ、安永・寛政にかけて（一七七二〜一八〇一）次郎左衛門雛が庶民の間に流行し、やがて流行遅れになったことは、多くの文献から確認される。ただし、そのころ流行した次郎左衛門雛は現在分類されているような「丸顔に引き目・鉤鼻《かぎはな》」の独特の表情をもつ雛ではなく、もっと下手《げて》な享保雛（芋雛）に近いものであろう。14〜15頁の享保雛などに近い形の雛人形かもしれない。

江戸の文献に現れる次郎左衛門雛は、いわばブランド名で、雛屋という人形屋が扱う商品が次郎左衛門雛であり、上は将軍家から下は庶民まで多くの種類の雛があった、と推測される。従って江戸期の名称であっても、それがそのまま現在の次郎左衛門雛を指していたとは限らない。（なお、次郎左衛門雛については、▼104〜110頁）

内裏雛

内裏雛は男雛と女雛の両方をさす江戸前期からの言葉だが、近年「お内裏さま」＝男雛、「お雛さま」＝女雛として使用されることが多い。これは昭和一一年サトウハチロー作の童謡「嬉しい雛祭」の二番の歌詞の影響であろう。たしかに内裏様には「天子の尊称」（『広辞苑』）という意味もあるが、女雛に「お雛さま」という語をあてたのはサトウの造語かもしれない。

内裏雛の右左

日本の雛祭りは、内裏雛を中心に思い思いの人形を持ち寄る、いわば人形祭りである。飾り方に特にやかましい決まりはないが、桜橘の左右（左近の桜・右近の橘）や五人囃子の並び方（向かって右から謡・横笛・小鼓・大鼓・太鼓と、左へ行くほど大きな音の楽器が並ぶ）など、心得ていた方がよいこともある。それ以外は自由に飾り、江戸の人々のように楽しく、めでたく、雛祭りを祝えばよい。

よく話題になる内裏雛の左右も、どちらが正しいということはない。伝統的に日本では左（向かって右）を大切にする風習があったらしく、向かって右に男雛、左に女雛が並んでいることが多い。だが今日デパートの店頭などで見かける人形は、基本的にはその反対で、結婚式の新郎新婦のような並びになっている。これは西洋風の右を尊ぶ並び方だが、昭和三年（一九二八）の昭和天皇の即位式を報道する新聞の紙面に掲載された両陛下の位置などに倣ったことに由来する。

その前年、日本の雛祭りに約一万二千体の人形がアメリカから贈られた、いわゆる「青い目の人形」交流があった。雛祭りが海外からも注目されたが、外国人に内裏雛の並べ方を質問されてもはっきりとした答えができない（それほど雛の左右はどちらでもよかった）。そこで人形界に大きな影響力をもっていた日本画家西澤《にしざわ》笛畝《てきほ》が、天皇の即位式や御真影（一部の学校などに宮内省から交付された天皇皇后の写真）などに倣った並べ方を提案し、それに「東京雛人形卸商組合」が賛同する。

そこには、当時東京のデパートなどでは、十五人揃いの七段飾りなど人形のセット販売もはじまり、各家庭では雛段に人形を並べるための手引きが必要となった、という事情もあった。しかし、京都を中心にこれに異を唱える意見も現れ、今日でも雛の正しい並べ方が議論される。

しかし江戸期の雛祭りは、もっと大らかで並べ方にもあまり頓着しなかったようだ。例えば、寛延二年（一七四九）、いまから二五〇年以上も前の関西の浮世絵師西川祐信画『雛遊貝合《かいあわせ》の記』では、男雛は向かって左に置かれている。

雛の左右はどちらが正しいかという肩ひじを張った議論は、一八世紀中頃から女性の祭りとして発展する雛祭りについては、あまり似つかわしくない。本書はとりあえず古風な並べ方で統一したが、それは昭和以前の日本では、このように並べていた人の方が多かったのではないか、と考えたからにすぎない。

西川祐信画　『雛遊貝合の記』　西尾市岩瀬文庫蔵

第二章

武家から公家へ

雛の品格

江戸幕府は三月上巳《じょうし》の節句を五節句の一つとして位置づけ、重視する。近世の武家社会が創り出した「年中行事雛祭り（遊び）」は公家にも波及する。一方、公家の世界では人形を手にして遊ぶ「雛遊び」の伝統も長くつづき有職雛が父から娘へと贈られた。

雛の本流

上級武家と公家の雛

Hina dolls of the upper warrior families and court nobility

雛祭りの草創期ともいえる一八世紀初めから中頃の、公家と武家を代表する貴重な雛を紹介しよう。このころになると現在のような雛人形の様式が完成する。中御門《なかみかど》天皇皇女御料と、加賀藩前田家伝来の次郎左衛門雛は、それを実証する貴重な作例だ。

▼100頁

〈次郎左衛門雛・浄明心院宮《じょうみょうしんいんのみや》御料〉 男雛 20 ㎝・女雛 15.5 ㎝

元文 5 年（1740）に 11 歳で光照院へ入寺された浄明心院宮（中御門天皇皇女亀宮）の御料と推定される。入寺以前につくられた可能性が高く、最も古い次郎左衛門雛の一つだろう。男雛の衣装は布が劣化し下地が現れているが、往時の気品は少しも失われていない。

Jirōzaemon-hina handed down from the imperial court (p.30) and the upper warrior families (p.31). Both are among the earliest outstanding works of the Doll Festival tradition, which began in the early 18th century.

〈次郎左衛門雛・預玄院所縁〉 男雛 44 cm・女雛 33 cm

確かな来歴が残されている武家側最古の雛人形。宝暦 11 年(1761)頃、加賀 6 代藩主の生母から 10 代藩主の正室に贈られ、前田家の要となる女性に代々譲り継がれた。右の光照院のものより現在の次郎左衛門雛に近い形を整えている。

雅な雛遊びの世界

尼門跡の雛

Hina dolls of Ama-monzeki

雛祭りが武家を起源とするとはいえ、そのはるか昔の「ひひな遊び」の時代から連綿と続く御所の雛遊びが形になったのが有職《ゆうそく》雛だ。皇女・王女または公卿《くぎょう》の息女などが出家して住職となった尼寺は、「比丘尼《びくに》御所」、近年では「尼門跡《あまもんぜき》」と呼ばれることが多い。そこには父である天皇から季節や事あるごとに贈られた多くの有職雛が保存されている。その伝統が織りなす雛の数々を紹介しよう。

Ama-monzeki, the special temples whose chief nuns are imperial or royal princesses, have preserved many Yūsoku-bina presented by the princesses' father, the emperor. Here are examples of such hina dolls.

〈有職雛・狩衣姿　普明浄院宮《ふみょうじょういんのみや》御料〉 男雛 25.8 cm・女雛 21.7 cm

大聖寺 24 世門跡の普明浄院宮（光格天皇皇女）が所持された。大聖寺では御所に近い方に男雛を飾る慣例がある。

気品と伝統の織りなす自由

◉ 大聖寺の有職雛

Yûsoku-bina of Daishô-ji temple

香淳皇后愛用の人形が坐っている椅子は明治天皇の遺品。後方の違い棚には普明浄院宮御料の御所人形「うさぎさん」が飾られている。

大聖寺は、足利義満が、光厳天皇妃の無想定円禅尼の安禅所として室町殿（花の御所）内に設けた岡松殿が起こりという、臨済宗の尼門跡寺院。元禄九年（一六九六）に現在地に移ったと伝えられている。正親町《おおぎまち》天皇皇女の入寺のとき、大聖寺を尼寺第一位とする綸旨《りんじ》を賜り、「御寺御所《おてらのごしょ》」と称されて以来、歴代内親王が入寺することになった。

尼門跡に飾られる雛は、丸顔の次郎左衛門雛か有職雛といわれる。これらの人形は鑑賞のためのものではない。例えば、江戸の古今雛は、五段、七段と高くなった雛段の上に飾られ、下から見上げられることを想定してつくられることが多い。やや首を突き出し、顔全体が前のめりになるよう工夫がされている。だが、有職雛は前をむいても、横をむいても、人の目線に添うようにつくられている。有職雛は、江戸とは異なる独自の発展をとげた雛である。悠久の時が雅な京の雛遊びと子どもの健やかな成長への親の願いと溶け合い、混じりあって、生まれたものだろう。

右頁の狩衣姿の有職雛は、大聖寺最後の宮門跡となられた光格天皇皇女の二十四世普明浄院宮《ふみょうじょういんのみや》が所持されていたものだ。江戸時代中期の記録が残る優れた意匠の枯山水庭園を背景に撮影を待つ一対の雛は、まさにこの空間にこそ生きている。

大聖寺では御所の近くに男雛を飾るという。内裏雛の左右は、どちらが正しいということはない。それぞれの思いを込めて雛人形を飾り、雛祭りを祝えばよい。大聖寺二十七世花山院《かさのいん》慈薫《じくん》尼が雛を飾られている写真は、「ひひな遊び」のなかにある自由さを伝えている。「小さき屋どもを作り集め」「所狭きまで遊びひろげ」て、「ひひな遊び」に打ち興じている『源氏物語』の若紫の様子が目に浮かぶようだ。有職雛は京都、さらにいえば高貴な人々の暮らす空間がよく似合う。ここには「ひひな遊び」の伝統が生きているのだ。▼83頁

雛を飾られる大聖寺27世花山院慈薫尼。

雛遊びの伝統

◉ 宝鏡寺の有職雛

Yûsoku-bina of Hôkyô-ji temple

〈有職雛・狩衣姿　三麼地院宮《さんまじいんのみや》御料〉 男雛 28 ㎝・女雛 20.7 ㎝

雛とともに、献上の真綿と反物を入れた長持、貝合せの貝が詰まった貝桶、従者が担ぐ挟箱（写真右手前）、染付の碗皿を並べた膳を飾る。長持と挟箱には、御所の菊御紋と宝鏡寺の紋が蒔絵されている。

人形寺として知られる宝鏡寺は臨済宗の寺院。尼寺五山《ござん》の景愛寺の子院として建立された福尼寺を、応安年間（一三六八〜七五）光厳天皇の皇女華林宮恵厳禅尼が現在の地に再興したのが起こりといわれる。その後、後水尾《ごみずのお》天皇の皇女が入寺以来尼御所の一つとなり「百々《どど》御所」と称された。

なかでも光格天皇の皇女二十四世三麼地院宮《さんまじいんのみや》霊厳《れいごん》理欽《りきん》尼の三組の有職雛は有名だ。そのうちの一つが天保七年（一八三六）光格天皇より下賜された直衣《のうし》姿の有職雛（20頁）、もう一つが天保三年に下賜された狩衣《かりぎぬ》姿の有職雛（右頁）である。狩衣は貴族の日常着。女雛は垂髪《すいはつ》で、お歯黒に置き眉という化粧、檜扇《ひおうぎ》には六色の飾り糸が付いている。

三麼地院宮の御料とされる雛道具の紋は、御所の菊御紋、菊を六つ合わせた宝鏡寺御紋、光格天皇の菊唐草御紋の三種類がある。入寺の時、内親王が雛とともにこの美しい調度揃えを、宝鏡寺に持参されたのであろうか。人形用に仕立てられている道具は、実際に身のまわりの調度をそっくりに縮小した形で製作されている。

白木作りの三方の御膳には、菊の御紋が染め付けられた碗と皿に箸が添えられ、膳には宮や尼僧たちが食事したものとおなじ料理が用意された。長持《ながもち》は衣類、調度などを納める長方形の箱。そのなかには献上の真綿と反物が入っているのがめずらしい。真綿の上には繰綿《くりわた》をはじき打って不純物を除き柔らかくするための綿弓がのっている。挟箱《はさみばこ》は、外出の際必要な衣類などを納めて従者に担がせる箱である。貝桶には小さな貝合わせの貝が詰まっている。

これらの雛道具には、雛遊びの伝統が生きていて、江戸のものよりおとなしく、手間と暇をかけ、丁寧につくられている。決して派手になりすぎず、あくまでも上品さを保っている。ご馳走を盛りつけ、お雛さまに供え、遊ぶためにつくられた大きさ。幼い門跡が言葉をかけながら、お雛さまに膳をすすめたのだろう。単なる飾りものではなく、皇女を慰め、心を安らげる品々である。

宝鏡寺に伝わる本覚院宮御料の「万勢伊《ばんぜい》さん」は江戸時代前期とされる三つ折り人形。

究極の写実雛

◉霊鑑寺の有職雛

Yûsoku-bina of Reigan-ji temple

〈**有職雛・束帯姿**〉 男雛 68 ㎝・女雛 57 ㎝

有職雛は、髪型から衣装の形式とその色柄・織りまで公家礼式の忠実な再現だと、繰り返しているが、霊鑑寺の有職雛は究極の逸品といえるだろう。

寺伝によれば、後陽成《ごようぜい》天皇（一五七一～一六一七）の后持明院《じみょういん》孝子が開基とされ、中興の後西《ごさい》天皇（一六三七～八五）の皇女光山宗栄尼の時代に御所の一部が移築され、多くの建造物が建てられた。尼門跡寺院における書院は生活空間で、御所文化を直接受け継ぐ場であった。上段の間をもつ霊鑑寺の書院は、最も高い格式があり、天皇をはじめ最上位の方々をお通しする特別な役割をもっていた。普段は尼門跡がこの部屋の上げ畳の上に茵《しとね》（敷物）をしき、坐っていた（『尼門跡寺院の世界』展図録）という。部屋の周囲の障壁画《しょうへきが》は、唐子と官女たちが遊ぶ場面が描かれている。

その上段の間におかれた有職雛は、男雛六八センチ、女雛五七センチもある、人と見間違うばかりの大雛。飾るときには、頭手足などそれぞれの部位を組み上げ、衣装は正式に着せ付けられる。

女雛の長袴は緋《ひ》ではなく、若い女性が身につける濃色《こき》で、髪は中央で分けた前髪を左右に太く長く垂らし、眉も普通の眉。反対に束帯姿の男雛は眉がつくられている。結婚してまもない若年の夫婦だろうか。いわゆる「新婚雛」（吉川観方『人形百撰』）といわれるもので、公家の少年・少女の服装を正確に写す。町雛である古今雛にはみられない徹底的な写実へのこだわりだ。

同寺四世観山院宗恭尼（一七六九～一八二一）は、閑院宮家の出身で光格天皇の姉にあたる方。宗恭尼は徳川十代将軍の長男家基と婚約していたが、彼が一八歳で没したために十年後に出家して霊鑑寺に入ったという。このころ天皇家と徳川家から多大な寄付があり、文政元年（一八一八）頃、上段の間の部分も増築された（『尼門跡寺院の世界』展図録）という。この雛もそのころのものか、と想像を逞しくしてしまう。

胴と腕・頭を組み立て、衣装を着せ付ける。

皇室を表す菊の御紋が入った雛人形の櫃。

雛とともにある
◉霊鑑寺の御所人形
Gosho, or palace dolls of Reigan-ji temple

人形は、幼いころに入寺した皇女を慰める役割も担っていたらしく、数多くの御所人形が尼門跡に拝領されている。雛のお供に事あるごとに贈られたのだろう。

大きな頭に、白い肌、横太りのあどけない裸の幼子をはじめ、多彩な姿があるが、まろやかな頭に、童形《どうぎょう》を写した顔立ちをしていることが特色だ。裸で、くりくりと肥えた御所人形の肢体には、幼子の若々しい生命力がみなぎっている。子どもが、常に死と隣り合わせの存在であった当時、よく遊ぶ、元気な姿は理想であった。

御所人形がもつ気品と健康美にあふれる姿には、わが子の健やかな成長を願う、人々の祈りが込められているのかもしれない。ただの飾り物でも、玩具でもない。それだけでは止まりきれない、日本人のもつ独特の人形観を霊鑑寺の御所人形はただよわせている。

産着這い這い

御所人形は京生まれの傑作。

雛人形の名称 ❷

有職雛と高倉雛

有職雛とは、有職（朝廷や武家の官職典礼に関する知識）に則り装束を正しく考証してつくった雛という意味だ。下の写真もその一つだが、身体が三つ折れで、着せ替えができるところが独特である。

有職雛の呼び名は、これも明治以降につけられたものだが、一部の博物館の解説などには、宮中に仕え官服の製作などをつかさどっていた高倉家・山科《やましな》家が調製に当たっていたため、「高倉雛」「山科雛」の別名があるとされる。

公家の日記『（野宮）定晴卿記』には、雛遊びに用いられる人形等は「山科・高倉両家に於いて監督製作」されたことが記されている（桜井秀『風俗史の研究』387頁）。

では、高倉雛の名称は雛の調製者に由来するのかといわれると、それを断言することはできない。高倉雛の呼称は古くからあるが、世間では山科雛とは言わなかったようだ。それは大正二年（一九一三）関西出身の好事家《こうずか》たちが、高倉雛の名称の由来を議論し、高倉通りに人形屋が多いことや高御蔵《たかみくら》などに起源をもとめていることからもわかる（西澤仙湖「高倉雛の名称について」）。

このような解説が現れるのは『定晴卿記』の記述が紹介された昭和に入ってからだが、山田徳兵衛『日本人形史』（164頁）でも、両家が調製したという事実には触れているが、山科雛という呼称はみられない。

高倉家・山科家が製作云々という事実は動かし難いが、山科雛という名称を安易に使用し、それが独り歩きすると、名称の由来は両家の調製によるものと断定する根拠となる恐れもある。従って本書では、有職雛（あるいは高倉雛）の語のみとりあえず使用することにする。

〈**有職雛・狩衣姿**〉　男雛 35.5 ㎝・女雛 32.5 ㎝
雛の衣装を脱がせると腰・膝頭と足首が折れるようになっていて手首まで動かすことができる。

第三章

ひろがる雛の世界

身分を超えた女の祭り

江戸時代後期は文化の中心が次第に上方から江戸にうつりあらゆる面で江戸文化が完成する時代だ。祭礼の際に曳き出される山車《だし》を飾る人形は写実的で洗練された江戸前の姿となり江戸生まれの多彩な雛人形も現れる。

江戸から京へ
——古今雛

Kokin-bina spread from Edo to Kyoto

太平の世を迎え節句行事をより豪華に楽しむ余裕が生まれると、女性を中心とする華やかな江戸の雛祭りは円熟期を迎え、江戸前の古今雛が現れる。江戸の庶民がつくりあげた古今雛は、上層下層の区別なく、身分を超えて流行し、やがて京都へもひろがり、京風古今雛を生み出す。

▼110頁

After the Japanese cultural center moved from Kyoto and Osaka to Edo, Kokin-bina, the splendid Edo-style hina doll, emerged. It became popular in all walks of life and even spread to Kyoto, where Kyoto-style Kokin-bina were produced as a result.

〈古今雛・清昌院所用〉 男雛 41 cm・女雛 36 cm

松平定信の娘烈姫（後の清昌院）が高島藩主８代諏訪忠恕《ただみち》に嫁ぐ際に持参したと思われる大型の古今雛。

〈七人雅楽・清昌院所用〉 43 ～ 44.5 ㎝

七人雅楽は、祥瑞模様の銀襴の狩衣と立烏帽子を身につけている。写真右上から龍笛《りゅうてき》、笙《しょう》、和琴《わごん》、釣太鼓《つりだいこ》、鞨鼓《かっこ》、篳篥《ひちりき》、箏《そう》の楽器をもち、いずれも極めて精巧につくられている。

◉倹約令と雛人形

A gorgeous Keshi-bina (miniature doll) ordered by the very man who issued anti-luxury decrees for his daughter

松平定信のおこなった寛政の改革は、贅沢な雛を厳しく取り締まったことで有名だ。お触れのとおり、庶民の雛は八寸（約二四センチ）以下というきまりを墨守させ、役人は物差しをもって雛を改め、多くのものが摘発された。

その二〇年後の文化一二年（一八一五）諏訪家に嫁いだ定信の娘烈姫が婚家に持参した内裏雛（42頁）は、冠をふくめ約五一センチの豪華な古今雛。これほど大型で精巧優美な古今雛は、全国的にもほとんど例がない。しかも平戸松浦家に嫁いだ姉の蓁《しん》姫は、見事な芥子雛・雛道具を携えていた。

八寸以上の雛をあれだけ厳しく取り締まった定信の娘たちが、一尺七寸もある古今雛と、禁令の結果流行する芥子雛・雛道具を持参して、それぞれの家に嫁いだことは歴史の皮肉であろうか。

▼119頁

〈芥子雛と雛道具・蓁《しん》姫所用〉 男雛 8.5 ㎝・女雛 8.3 ㎝

蓁姫の雛道具のうち、貝合せとかるた

蓁姫の雛道具のうち化粧道具

◉上層武家の京風古今雛

Kokin-bina made in Kyoto and purchased by an upper warrior family

〈京風古今雛・貞操院所用〉 男雛 38.2 cm・女雛 32 cm

京風古今雛を実証的に明らかにする作例はあまりない。その意味でも天保一〇年（一八三九）肥後細川藩の筆頭家老松井家十代章之《てるゆき》（一八一三～八七）が、夫人貞操院（琴姫／一八一三～四八）の嫁入り後の初節句のために誂えた五対の古今雛は貴重だ。松井家は代々八代《やつしろ》城（現・熊本県八代市）に居し、幕府からも知行地を与えられ、将軍と自家の代替わりには江戸に参府して将軍に謁見するという、特殊な家格をもっていた。

琴姫は下野国《しもつけのくに》茂木藩主細川長門守《ながとのかみ》興建《おきたけ》の兄の娘で、前年の閏四月に江戸を出て、京を経て熊本に入り、八月八代で二人の婚礼がおこなわれた（『松井文庫所蔵雛人形・雛道具調査報告書』）。

女雛の台座の裏には「御用／京三条通麩屋町西入／御雛人形司／幾久屋長兵衛」の貼紙がある。全く同じものを五組京都から購入したようだ。幾久屋《きくや》は、宮中の御用を賜る人形師なのだろうか。吉川観方《かんぽう》コレクションの近衛家旧蔵竹千代人形に、幾久屋長兵衛の同じ商標が貼付されている（吉川観方『日本の古人形』38頁）ものがある。

定信の娘烈姫の古今雛（42頁）の胴体は、木芯で首は固定されているが、松井家の雛は藁の芯で頭部を差し込む構造だ。その首には雛人形の大きさをあらわす「壱《（一）》」の文字がある。雛人形は首と胴体を別々に仕入れて問屋がまとめることから、この雛は特注品ではなく、一番の大きさの幾久屋の既製品であろう。夫妻は、よほどこの雛がお気に召したのだろう。二人の間に生まれた娘の初節句にも、幾久屋製のほとんど同じ古今雛を三組購入している。八代へ嫁入りする途中京都に立ち寄った琴姫は、江戸製とは少し趣の異なる京で流行をはじめた古今雛が目に留まったのか。

加賀前田家では、文化五年（一八〇八）鷹司家から嫁入りした隆子（真龍院）の初節句に次郎左衛門雛（19頁）を贈っている。その一方、細川藩第一の重臣松井家では、新妻の初節句に京の町で流行する古今雛を誂えている。大名家と上層の武家の間には、雛を保有することに対する微妙な約束事があったのだろうか。松井家には享保雛も保存されていることを含めて興味はつきない。

武家から商家へ

―一九世紀の商家の雛飾り

Hina doll display of a mercantile family in the 19th century

武家や公家、上層の人々の上巳《じょうし》の節句を飾った雛は、やがて民間でももてはやされる。一九世紀には、町の雛飾りは円熟期を迎え、三都（江戸・大坂・京都）はおろか地方都市や農村にもひろがる。そのおもな担い手であった商家の、由来のたしかな雛飾りから、江戸と京の賑わいをのぞいてみよう。

土浦・尾形家の雛飾り　古今雛・五人雅楽

天明5年(1758)土浦中城町に店を構えた呉服商尾形徳兵衛(屋号「大徳」)は、天保期に入り巨額の利益を計上し、有力な商人へと成長する。雛飾りは文政7年(1824)か嘉永4年(1851)生まれの娘のものか。同家は数代にわたり商才ある婿を娘に迎えて存続をはかってきた。いわゆる女主人を擁してきた商家の雛らしい気概がただよう。

Placing a male and female couple of high rank (dairi-bina) and five musicians (gonin-bayashi) in the center of the display became popular in the provincial areas that were connected to Edo by the Tonegawa-river.

◉江戸文化圏の雛飾り

Hina doll display in the Edo cultural area

衣食住をはじめ庶民の生活をすみずみまで規制した幕府は、雛人形でさえも、八寸（約二四センチ）以下、さらに手の込んだ雛や雛道具を禁止するなど、倹約を推奨・強制する触れをたびたび出す。それを逆手にとった江戸っ子は、小さいが贅をつくした古今雛・芥子《けし》雛をつくり対抗する。

江戸文化の爛熟期といわれる文化・文政の頃（一八〇四～三〇）には、豪華絢爛な雛飾りが三月三日の江戸の町を彩り、娘たちは身分にかかわらず流行の古今雛に心を奪われるのだ。

古今雛は、それまでの雛（立雛・寛永雛・享保雛）がすべて京都主導であったのに対し、頭《かしら》は浮世絵風の江戸美人に仕立て、衣裳も有職《ゆうそく》を全く無視した装飾性に富むものに変えた、江戸オリジナルの雛であった。

江戸では、娘が生まれると雛市《ひないち》で古今雛と五人囃子（あるいは随身《ずいじん》）を購入し、あとは親戚縁者が持ち寄り、人形祭りを楽しむことが多かったようだ。特に、五人囃子の人気は高く、必ず雛段に飾られたという（『守貞謾稿』）。

一九世紀に入ると、利根川の水で江戸と直接結ばれ船運で栄えた栃木（巴波《うずま》川）・川越（新河岸《しんかし》川）・土浦（霞ヶ浦・利根川）など江戸周辺の地方都市で、江戸と同じように、初節句に人形やお祝いを持参する風習が日常的におこなわれていた。その様子は、多くの史料から確認される。例えば、大宮氷川神社の神主東角井《ひがしつのい》家の記録では、弘化五年（一八四八）娘の初節句に「親王内裏一対、五人囃子」を選んだ。同時に随身も新しくこしらえ、これらに三両もの代金を支払っている。

江戸から購入した内裏雛と五人囃子を主役とする江戸風の雛人形と雛飾りは、関東一円の富裕層に受け入れられた。江戸風の雛のひろがりは「江戸文化圏」ともいうべきエリアの成立を如実に物語っている。

そしてその人形文化の面影は、これら地方都市の旧《ふる》い商家に現存する雛飾りに探ることができる。

栃木・善野家の雛飾り　古今雛・五人囃子・随身

善野家の祖先は近江出身。米などを扱うほかに大名などを相手にした質商を営み、喜多川歌麿の後援者のひとりとしても知られる。五人囃子の衣装は色が異なり、いずれにも善野家の家紋が刺繍されている。女雛の袖にも銀糸で縫い取られた家紋が光る。天保11年(1840)製の雛飾りは、円熟期をむかえた江戸の雛文化を象徴する。

川越・服部家の雛飾り　古今雛・五人囃子・随身・稚児

服部家は文政5年(1822)に草履や下駄・傘などを扱う問屋として創業、後に薬種問屋を兼業した。同家には嘉永5年(1852)に二代に嫁入りした「てる」のものと思われる雛飾りが保存され、毎年公開されている。善野家や尾形家の内裏雛と形式上の共通点も多く、江戸後期から幕末の商家に流行する雛飾りの類型の一つであろう。

◉京都文化圏の雛飾り

Hina doll display in the Kyoto cultural area

Compared to the Edo-style, hina displays in Kyoto tended to have fewer stairs and more practical hina accessories (hina dōgu) consisting of miniature household furnishings and utensils. Thus, it can be considered that the custom of playing with such dolls and accessories was still alive among children in Kyoto.

雛遊びの伝統を残す京・大坂の雛飾りは、江戸よりおとなしく、雛段の数も少なかったようだ。「京坂ノ雛遊ハ、壇二段バカリ一赤毛氈ヲ掛ケ、上段ニハ、幅尺五寸、高モ同之許リ」の屋根のない御殿の形で、そこに小さな内裏雛を飾り、階下に随身二人と桜・橘を並べて飾るのが一般的で、雛道具も厨房の道具などを模したものが多く、江戸より質素だが、子供たちに倹約や、家事を教えるという意味が表れていると『守貞謾稿《もりさだまんこう》』（巻之二六）はいう。

江戸で流行する極小サイズの精巧な芥子《けし》細工をほどこした雛道具（66～67頁）は、実用性を無視した究極のミニチュア趣味というべき贅沢品だ。

一方、京坂《けいはん》の雛道具は、江戸のものより実用的で、庶民の間にも「ひひな遊び」の伝統が生きていて、遊びに使用される傾向がつよかったのかもしれない。

古今雛の形式は受け入れても、京坂は江戸とは異なる、もう一つの雛文化を生み出したといえるだろう。

描き目からガラス目へ

京風古今雛は、幕末までガラス目ではなく描き目が多く、優美で、ふくよかな顔立ちをはじめ江戸とは異なる風情をただよわせている。それでも江戸の古今雛の形式が今日の雛人形の源流になり、現代まで引き継がれていることは事実だ。

寛文元年（一六六一）創業の京漆器の老舗象彦《ぞうひこ》（西村家）に伝わる弘化四年（一八四七）の古今雛（52頁）と明治二年（一八六九）の古今雛（53頁）は、前者は描き目で、後者は玉眼（ガラス目）であり、その移行期であることを物語っている。

雛頭にガラス目を入れる技法は、幕末の玉翁《ぎょくおう》という江戸の職人が京都に伝えたとされる（面屋庄三）。鎌倉国宝館には長野県大町の問屋百瀬家に伝来した内裏雛の首に「御用職　渡辺山城正作玉翁」の署名入りの玉眼入りの古今雛（53頁）が所蔵されている。同館の文久元年（一八六一）大坂製の古今雛（25頁）をあわせてみると、このころから上方《かみがた》にも玉眼の雛が登場するのだろうか。

昭和初期まで確認できる十軒店《じっけんだな》の玉翁の先代、あるいは先々代の主人が、京に修業にでかけ、江戸の技法を伝え、幕末・明治には玉眼入りの雛がつくられるようになったようだ。

京都・西村家の雛飾り　京風古今雛・三人官女・随身ほか

西村家の京風古今雛（描き目）　男雛 29 ㎝・女雛 25 ㎝
弘化 4 年（1847）製。京の町家の風情を伝える典型的な雛である。

左の玉眼の男雛の頭。「御用職　渡辺山城正作　玉翁（花押）」の墨書がみられる。

上の古今雛の男雛は描き目。

Inlayed glass eyes developed from painted eyes

The glass-eye inlaying technique for hina dolls is thought to have been introduced to Kyoto by an artisan from Edo in the mid-19th century. Thus, before long, glass-eyed dolls were being produced in Kyoto and Osaka.

西村家の京風古今雛(玉眼)　男雛 29 ㎝・女雛 25 ㎝
明治 2 年(1869)製。描き目からの移行期の雛だろうか。

玉翁の京風古今雛(玉眼)　男雛 30.7 ㎝・女雛 25.8 ㎝
玉眼の技法を京に伝えたとされる江戸の職人玉翁がつくった京風の雛。

江戸と京が出会う町

◉信州上田の雛飾り

Hina doll display in Shinshû-Ueda, the crossroads of Edo and Kyoto

上田・成澤家の雛飾り　享保雛・五人囃子　男雛 40 ㎝・女雛 35 ㎝

Ueda in Nagano prefecture had enjoyed flourishing sericulture and textile manufacturing during the Edo period. It was also an important crossroads, therefore wealthy mercantile families in Ueda still preserve hina dolls that originate from Edo and Kyoto.

信州上田は、古い上質な雛人形と流通の記録が多く残る町。養蚕と紬《つむぎ》織で栄え、高価な雛を購入できる層が厚い土地柄であった。中山道をはじめ各街道が通過する交通の要所であり、京都と江戸の文化が交錯する上田は、日本の雛文化の縮図ともいえる。

成澤家は上田紬を商う呉服屋。代々の当主は茶の湯を愛し、俳句をたしなむ文化人としても知られる。冠をふくめ高さ四五センチもある豪華な享保雛は、同家の隆盛を伝える。ガラスの目を入れた五人囃子は、江戸っ子好みの逸品だ。

成澤家の享保雛は、京の問屋上林嘉七から大津・大垣・松本などを通り信州上田の大坂屋まで運ばれたことが、箱の書きつけからわかる。

一方五人囃子は江戸馬喰町《ばくろうちょう》の雛問屋吉野屋助七を差出人とする大坂屋宛の木箱に入っている。吉野屋は寛政七年（一七九五）に雛仲間一番組に加入した大店《おおだな》。上田の大坂屋は、江戸からも京・大坂からも雛人形を仕入れていたのである。

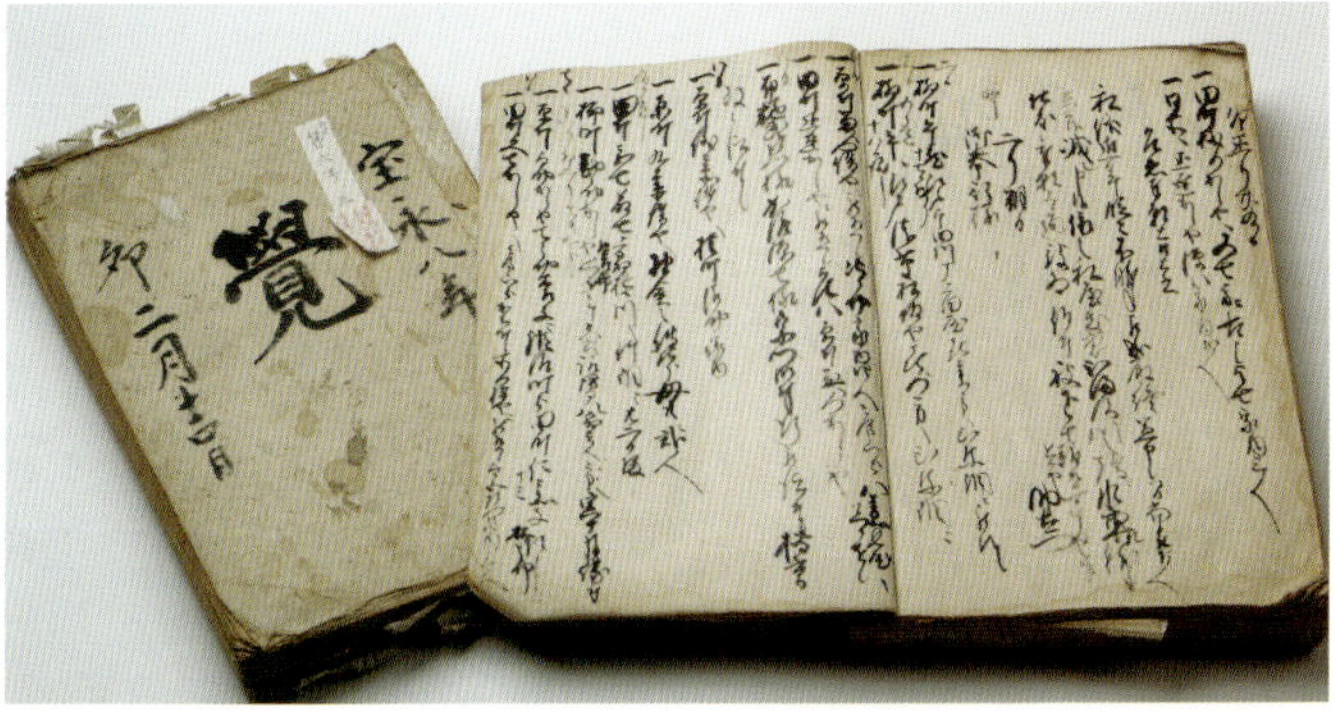

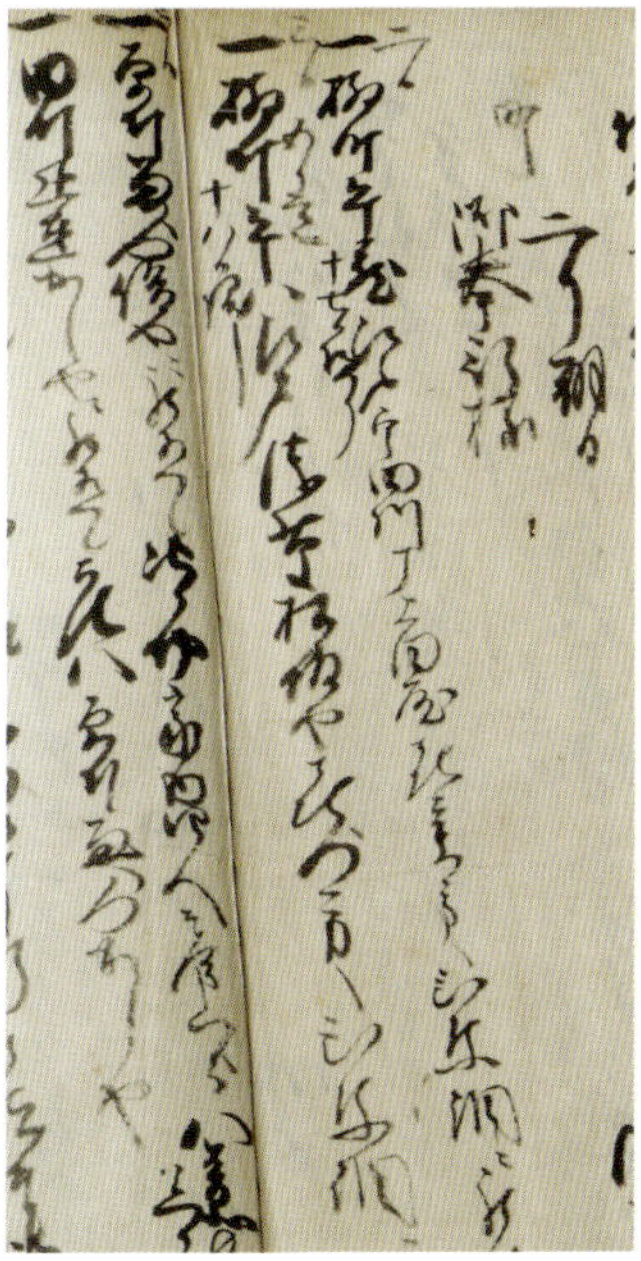

上田市立博物館寄託の『原町問屋日記』には、雛祭りが地方に普及しはじめた正徳年間（1711〜16）に上田から江戸へ雛人形を仕入れに行った記録が残る。例えば、宝永8年（正徳元年）2月1日の条には「柳町平八、江戸浅草松坂や喜右衛門へひな調ニ」と書かれている。

京から運ばれた享保雛の箱。

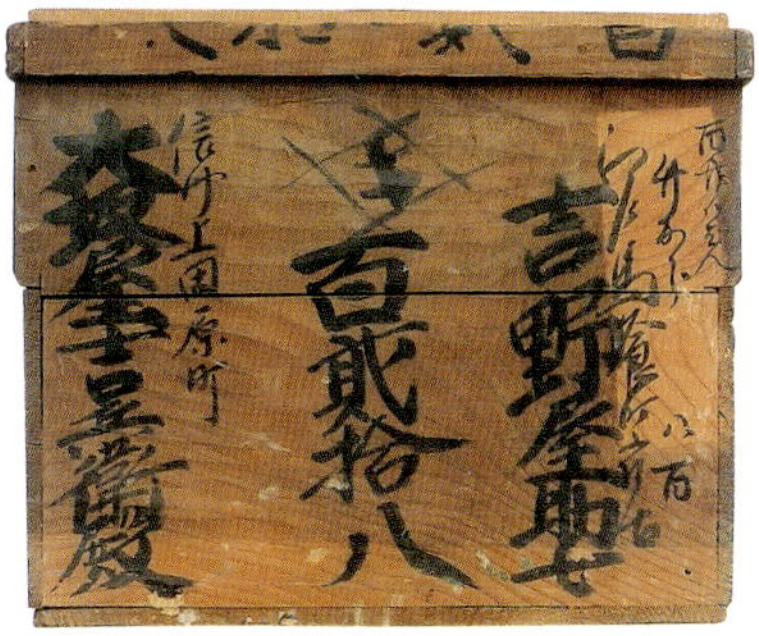

江戸から運ばれた五人囃子の箱。

雛段の仲間たち

Group of hina dolls on a tiered display

◉五人囃子と雅楽衆

Five musicians (gonin-bayashi) and court musicians (gagaku-shû) for Noh play music and Gagaku court music respectively

雛段に飾られる人形には、内裏雛のほかに三人官女や五人囃子が現在では一般的だが、官女は京都、五人囃子は江戸生まれといわれる。

一八世紀中頃から確認される五人囃子は、武家の式学である能楽の地謡《じうたい》と囃子を模したものだが、貴族的で気品のある雅楽姿より、武家の町である江戸で好まれた。

〈成澤家・五人囃子〉
坐位の笛は28㎝、立位の小鼓は37㎝もある。全体像は54頁。

〈雅楽八人衆〉　28 〜 28.5 ㎝
表情・動き、どれをとっても逸品中の逸品だろう。口の中は舌や歯まで忠実につくられている。

◉犬筥

Inu-bako, a male and female pair of dog-shaped boxes, which are a talisman for trouble-free childbirth

犬筥《いぬばこ》は、犬型の張子細工（紙を張り合わせてつくる）で、雌雄一対の箱になっている。安産のお守りなどとして使われた。その理由は、犬はお産が軽く、生育がよいことにあやかるという意味もあるらしい。

江戸時代中期になると、雛人形とともに犬筥一対を飾ることも定着するが、この犬筥は雛道具用に縮小したものではなく実物だろう。

白絵《しらえ》（胡粉など白色のみで描かれた、出産の場を清めるための特殊な絵）の描かれた木箱に収納され、背中に描かれた松竹梅鶴亀の図には、巣の中の鶴の雛まで精密に表現されている。徳川家ゆかりの品だろうか。犬筥の最高級品である。

〈犬筥《いぬばこ》〉　横幅 30㎝

◉天児・這子

Amagatsu and Hôko, talismans for the health and safety of babies

幼児を災いから守る天児《あまがつ》・這子《ほうこ》を雛人形の始まりの一つだ、と考える説もある。

天児は産着《うぶぎ》などを着せかけて、乳児の病や厄災の身代わりとした。信仰的な意味を最後まではっきりともち続け、伝統的な特色のあるフォルムを変えなかった人形だ。

這子は、幼児が這い這いする姿に由来するといわれる。ともに乳幼児を守る人形とされたが、後に婚礼調度に加えられ、雛祭りにも飾られる。そして民間にも普及し、手遊び人形として娘たちに親しまれた。

もっとも中世では這子が天児と呼ばれていたこともあり、現在のような呼び名が定着するのは江戸時代の終わり頃だ。▼91頁

〈天児《あまがつ》〉　高さ 49 cm

〈這子《ほうこ》〉　高さ 36.7 cm

極小美の世界
江戸前の芥子雛

A miniature doll, Keshi-bina emerged in Edo

江戸時代後期、江戸の雛祭りの華やかさは頂点に達するが、その主役は究極のミニチュアともいえる芥子《けし》雛と極小の雛道具だ。手間と暇をかけ、贅沢に、精巧につくられた芥子粒のように小さい雛、本物そっくりの素材で武家の嫁入り道具などを限界まで縮めた極小サイズの雛道具は、まさに江戸趣味の極致ともいえるだろう。

▼122頁

The chief feature of the hina matsuri, or Doll Festival, in Edo was Keshi-bina, the ultimate miniature doll with elaborate, miniature hina accessories.

〈芥子雛源氏枠飾り〉 男雛 2.8 cm・女雛 2.3 cm・枠高 26.4 cm

芥子雛・雛道具の最高級品を製作する店として有名だった「七沢屋」の商標をもつ貴重な逸品。

〈**三谷家・牙首芥子雛**〉　牙首雛・小姓・官女・随身・大紋着用・従者・掃庭

◉三谷家の牙首芥子雛

Keshi-bina with an ivory head formerly possessed by the Mitani family, a wealthy merchant family in Edo

牙首の木目込み雛

幕末の流行と江戸の町人の好みを取り入れた資料として注目されるのが、東京国立博物館所蔵の三谷《みたに》家の雛人形（八点二五体）・雛道具類（四六点）だ。幕末期の江戸の上層町人の趣向の一端をしめす資料としても興味深い。雛道具は紫檀《したん》製で蝶番《ちょうつがい》などに象牙の細工があり、66頁の十一代将軍家斉の娘のものという伝承のある雛道具に匹敵する逸品だ。また人形の頭・手足等は、象牙でつくられ、胴体は木彫の胴に布地をはさみこんだ、いわゆる「牙首の木目込み雛」で、通常の様式とは異なる「変わり雛」だ。

一般的な雛人形の頭や手足は、木彫（あるいは桐塑《とうそ》）に胡粉《ごふん》を塗って仕上げられ、衣装は布を貼り付けるか、着せ付けるなどしてつくられる。素材・形式等からみても、このような雛は極めてめずらしい。しかも、大紋着用雛や小姓雛の扇や掃庭雛（いわゆる仕丁。箱書きには白鳥と記されている）のもつ道具まで象牙でつくられている。また、熊手をもつ老人の顔は、幕末に流行する「生《いき》人形」（生きている人のように写実的につくられた人形）を髣髴するような写実性だ。

これらの雛は、製作上の共通点も多く、一組の雛飾りとして用意されたのであろう。しかも十軒店《じっけんだな》の雛市などで一般に市販された雛人形ではなく、三谷家に女子が生まれた初節句に、特別に製作されたのだろうか。高さはいずれも三寸（約九センチ）程度の、いわゆる「芥子雛」だ。

内裏雛は、典型的な江戸製の古今雛。夫婦和合を示す意味か、男雛と女雛のどこかに同じ布（共布）が使われていることが多いが、この雛にはそれがみられない。また官女の有職を無視したきらびやかな衣装には、華やかさを好む江戸の町人の趣向があらわれている。植物染料で染められた色は、日に当たると褪色しやすいが、女雛の袖をはじめ紅が比較的よく残っている。

木目込みの作例

「木目込み」とは、人形の胴体に細かく溝を彫り、そこに糊を入れて、布の端をはさみ（きめ）込んで貼り、衣装とする技法である。衣装を着せ付けるよりも、姿態の美しさを表現しやすく、着崩れによるたるみが生まれないため、現代の人形作家にも応用され、受け継がれている。これは加茂人形に代表されるように京都に起源をもつ。やがて江戸に伝わり「江戸木目込み」となるが、江戸期の作例は極めて少ない。

管見の限りでは、年代所蔵者が確定できるのは安政二年（一八五五）の箱書きがある、男雛七センチの象牙製木目込み雛（木場の材木問屋福井家旧蔵、吉徳資料室所蔵）ぐらいである。

象牙製の頭をもつ芥子雛（九センチ以下）としては、弘化三年（一八四六）の箱書きのある、神奈川県浦賀で第一の廻船問屋の娘の嫁入り道具か初節句のものと思われる四・五センチの内裏雛と五人囃子・随身がある（藤田順子『雛と雛の物語』90頁）が、これらは衣装が着せ付けられており、木目込みではない。

熊手をもつ掃庭雛

〈**三谷家・牙首内裏雛**〉　男雛 7.3 ㎝・女雛 7 ㎝

製作年代

この雛の所有者として考えられるのは、三谷長三郎の五人の娘のほかに、その妻と、長男佐次郎の妻の計七人。贅の限りをつくした三谷家の雛・雛道具は、ありあまる財力があってはじめて誂えることが可能だ。紀伊国屋三谷家は、幕末期の開国による軍需の拡大と貿易の輸出規制の緩和により、業務規模を急速にひろげた。江戸では屋敷や土地を購入し、湯屋経営などをおこない、横浜にも家作を購入し、嘉永〜安政頃の長者番付にも記載される。文久三年（一八六三）の三代豊国の書状から彼のパトロン活動が確認されるのも、弘化以降（一八四八〜）だ（『神田伸銅物語』図録）。

天保改革のときの一般販売禁止品の書き上げには、銀細工やガラス製のものなどが多数みられるが、象牙の頭の雛の記録はない。しかも、現存する象牙製の雛は、弘化以降明治初年に集中していることから、これらの雛は、天保の改革後にみられる流行の一つではないかと推測される。そして、掃庭雛の写実的な顔などを総合的に検討すると、三谷家がもっとも隆盛をほこった天保一二年（一八四一）以降のものと推測される。

従って、天保の改革による風俗の取り締まりが緩みはじめた弘化以降に出生した、五女か七女、八女の初節句、すなわち嘉永〜安政頃に誂えられた雛である可能性が高い。▼125頁

◉阿部家の芥子雛飾り

Keshi-bina and miniature hina accessories handed down in the Abe family, the nobility of Fukuyama domain

備後福山藩主阿部家の雛飾りには、芥子雛・雛道具にガラス・陶器といった最高級のミニチュアが並ぶ。天保の改革で有名な老中水野忠邦失脚後、老中首座となった阿部正弘はペリーと和親条約を締結、洋学所、軍艦教授所を創設するなど進歩的政策をとった人物として有名だ。

これらは正弘の兄の六代藩主正寧《まさやす》の娘豊子が、福島白河藩主阿部正者《まさひさ》に嫁すにあたり持参した雛といわれる。豊子は大正一一年に八六歳で亡くなっているので、弘化三年（一八四六）頃の生まれであろう。ガラスのほとんどは鉛ガラスで、薩摩ガラスの特徴を示している。

大名家の奥向きにも、古今雛・芥子雛を中心とする町の雛飾りが浸透していたことを物語る。

阿部家の雛道具に加えられた加茂人形

男雛は 7.4 cm・女雛は 6.8 cm

〈阿部家・芥子雛と雛道具〉　内裏雛・三人官女・五人囃子・随身

◉極小の雛道具の逸品

The gem of miniature hina accessories

〈紫檀《したん》製象牙蝶番《ちょうつがい》雛道具〉

11代将軍家斉の娘所用という伝承がある最高級の雛道具。武家の嫁入り道具類を限界まで縮めた32点は紫檀製で、蝶番などに象牙の細工があり、豪華な蒔絵がほどこされている。

内部まで装飾がこらされた
重簞笥は高さ7.5㎝。

引き出しが開く蒔絵の棚。

碁盤と将棋盤。
碁盤の盤面は4.5×4.7㎝。

金銀の蒔絵がほどこされ
象牙の蝶番がついた長持は
高さ4.8㎝。

寛政七年（一七九五）に「雛仲間」一番組に加入する橘屋信濃は、上野池之端の七沢屋と並び称された芥子雛・雛道具の名家である。橘屋は奈良の出身で、京都寺町で小間物商を営み、中橋上槇《かみまき》町《ちょう》に江戸店をもっていた。倫子《ともこ》女王が徳川家治の正室として江戸に下る寛延二年（一七四九）から天保一三年（一八四二）まで、実に約一世紀にわたり大奥の御用をつとめている（「御用聞町人共名前書」市中取締類集22）。

天保の改革さなかの天保一四年正月、一般に販売することは御法度の「翫物之銀器併高蒔絵之器類」や「高値之小間物・手遊之類」など、大奥用に仕入れた品々を書き上げた橘屋・江戸店の支配人太七の上申書が残っている。

雛道具と思われる二四種類のうち、例えば「たんす類」は八両から二五両、「書棚」は二五両から四五両、計二四種類の安値を合計すると計一九五両で平均約八両、高値は計三八三両で平均約一六両である。

ここから右の「紫檀製象牙蝶番雛道具」三二点の値段を推測してみると、一点八両として計二五六両、一六両とすると五一二両となる。この道具は上中書の品以上のレベルと考えられるので、これより高価であったと推測される。まさに「家よりも高い雛道具」だ。▼124頁

〈銀製雛道具〉

天保の改革のときに一般販売を禁止された品々を書き上げた記録によれば、多くの業者が銀細工を扱っていることがわかる。漆器だけではなく、ガラス・銀などさまざまな素材で雛道具がつくられ、大きな発展をとげた。

変わり雛と創作雛

Kawari-bina, fancy doll and Sousaku-bina, doll art

江戸時代後期に雛祭りが円熟期を迎えると、さまざまな雛人形や雛道具がつくられる。ここでは形や素材に注目して、雛に寄せる江戸の人々の思いが遊び心と溶け合って生まれた「変わり雛」の逸品と、明治時代以降に人形作家となった人たちの「創作雛人形」を紹介しよう。

Here are hina dolls of unusual appearance made at a time when the Doll Festival was entering its golden age and hina dolls created by doll artists after the Meiji period.

〈内裏雛 御白髪の翁〉 原舟月作　27㎝

江戸の名工二代原舟月の優品。このような雛は文化９年(1812)から売り出されたらしく、狂歌師太田南畝は「当年の新製は、白髪の内裏雛舟月製あり」(『壬申掌記』)と記している。▶114頁

〈**三五雛**〉　男雛 50 ㎝

男雛は武将、女雛は雑兵を模した勇ましい姿につくられているが、頭は優雅な次郎左衛門風だ。立雛と武者人形をミックスしたような造形のために、三月と五月、両方の節句に飾られる、ユニークな変わり雛である。

〈**内裏雛 御白髪の媼**〉　原舟月作　24 ㎝

江戸新川で下《くだ》り酒問屋を営んだ豪商鹿島家（分家）が、文政８年生まれの娘のために購入。共白髪になるまでの幸せをのぞんだのだろう。しかし同女は三歳で亡くなり、その妹に引き継がれる。亡くなった姉の雛を妹のものに転用するなど、現在とはやや異なる感覚だ。

◉近代の創作雛

Modern Doll Art

〈**奈良一刀彫の内裏雛**〉　森川杜園作　男雛 14 cm・女雛 13.7 cm

木彫りの彩色人形である奈良人形は江戸時代から続く伝統の技。シカゴ万国博覧会に「牡牝大鹿」を出品した奈良一刀彫の大家森川杜園《とえん》（一八二〇～九四）は、職人から近代彫刻家への過度的存在として知られる。原舟月の流れをくむ彫刻家竹内久一（一八五七～一九一六）は、杜園にも影響をうけた。だが人形師の大半は時代に取り残され、その社会的評価も低かった。

人形を工芸の一部として認めさせようとする人形芸術運動がはじまるのは昭和に入ってからのこと。その先駆者が、全工程を一人で仕上げ、人形に初めて製作者名（または印）を入れた久保佐四郎（一八七二～一九四四）であった。そして創作人形の参入が認められた帝展改組第一回展に入選したのが野口光彦（一八九六～一九七七）である。

杜園の内裏雛には奈良人形の伝統の技が光る。佐四郎の同型で寸法が異なる五組の立雛は、彼を支えた趣味人たちの好みそうな主題。御所人形風の木目込み雛で、明るい気品に満ちた稚児雛は、胡粉の塗りの名人といわれる人形作家光彦の逸品。いずれも雛の近代をつげる秀作の数々だ。

〈**木目込み稚児雛**〉　野口光彦作　男雛 13.9 cm（冠共）　女雛 11.8 cm

〈**紙製立雛**〉久保佐四郎作　男雛 7.7 cm

第四章

雛の近代

明治に入ると文明開化の風潮の中で
旧習打破が叫ばれ
節句行事は急速に衰え人形類も売れなくなる。
二〇世紀にさしかかるころ雛飾りは
往時の勢いを幾分取り戻すが
それでもやはり雛の世界にも
近代化の波が押し寄せていた。
ここではそれを象徴する
皇室・武家・豪商ゆかりの雛飾りを紹介しよう。

京の雅と江戸の粋
明治天皇皇女の雛と雛道具

Hina dolls from Kyoto and
hina accessories from Edo
presented to the imperial princess
by her father, the Emperor Meiji

日露戦争が終わり、産業革命を経て日本が近代国家の形を名実ともに整えた明治四五年、すでに旧竹田宮へ嫁がれていた明治天皇第六皇女常宮《つねのみや》昌子内親王（一八八八〜一九四〇）のもとへ、明治天皇御夫妻から江戸の風情がただよう小さな雛道具六〇数点が、お年玉として贈られた。御成婚時に持参された内裏雛は、内親王誕生の際に調製されたと思われる、明治期の有職雛だ。

竹田宮家では、「ひひな遊び」の伝統を伝えるかのように、雛飾りは段ではなく、座敷に横並びに飾った。宮様の近くに雛や雛道具をひろげ、雛

〈**旧竹田宮家・有職雛と雛道具**〉　男雛 38 cm・女雛 36.2 cm

祭りを楽しまれたという。雛道具の箱書きには「両陛下ヨリ御拝領　明治四五年御年玉　菊御紋章ニ唐草金蒔絵」とあり、道具のそれぞれに日本の皇室と天皇をあらわす「十六弁八重表菊」の紋が入っている。製造は日本橋室町二丁目の「木屋本店」、当時十一代を数えた江戸の老舗であった。同店は、明治に入り、海外輸出にも力をいれ、業績をさらに拡大させた。

木屋製の雛道具には、江戸の芥子細工（芥子粒のように小さな作り物）の伝統が生きている。高さ一六センチ、幅一八センチほどの大名の嫁入り道具である三棚（厨子棚・書棚・黒棚）をはじめ、遊戯具や化粧道具など、その多くは数センチから一〇センチ前後で小さく精巧につくられている。貝合わせの貝の一つ一つにも絵が丁寧に描かれている。

三面盤（双六《すごろく》盤・将棋盤・碁盤）の高さは四〜五センチ。碁石や駒入れの蓋の上部にさえも「十六弁八重表菊」が描かれ、碁石や駒までが再現されている。まさにミクロの世界、江戸の極小の美の世界をうつしだす。

江戸庶民がつくり上げた古今雛や芥子雛・雛道具と、公家社会の寵児である有職雛は、雛人形の両雄だが、まさにそれが融合した雛飾りが旧竹田宮家の雛飾りだ。江戸人が生み出した極小の雛道具に皇室の菊の御紋が燦然と輝き、内裏雛は京の雅をたたえる。不思議な調和をかもしだす旧竹田宮家の雛飾りには、伝統と革新が融合する明治の雛祭りの息吹が感じられる。

明治 42 年当時の昌子内親王と竹田宮恒久王、一粒種の恒徳王（竹田恒徳『私の肖像画』恒文社より転載）

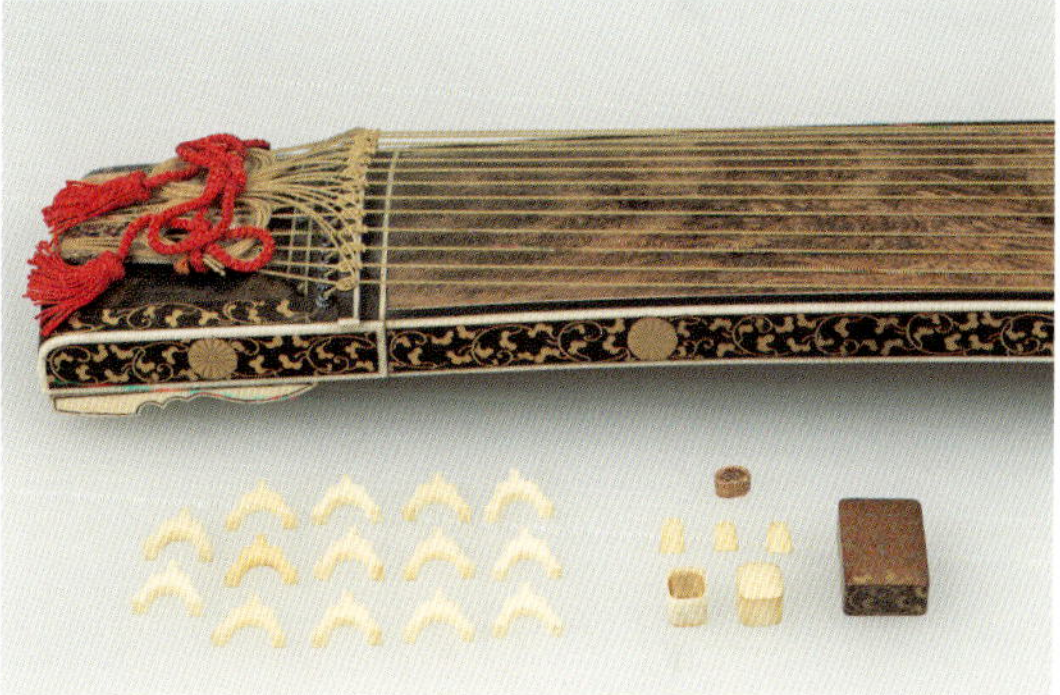

三曲（箏・三味線・胡弓）の一つ箏には、箏柱《ことじ》（弦を支え、張りを強くしたり、音を調節するもの）はおろか、箏爪まで象牙で再現されている。

十六弁八重表菊の高蒔絵

江戸の面影
「天下の糸平」の芥子雛と雛道具

Keshi-bina and hina accessories made with traditional craftsmanship from the Edo period ordered by a raw silk merchant

幕末から明治にかけて横浜におもむき生糸取引を中心に活躍した「天下の糸平」こと田中平八の長男（二代平八）が、長女花子（明治三一年生まれ）のためにこしらえた武蔵屋萬場米吉製の雛や雛道具には、江戸の面影をみることができる。

江戸期の極小の雛・雛道具をつくった職人については全くわからないが、これらはそれに匹敵する完成度だ。武蔵屋は浅草仲見世にあった江戸の雛人形・雛道具製作の正当な流れをくむ店であり、米吉（?～一九三七?）の父鎌吉は幕府の細工所に関係していたらしい。幕府の雛道具師でよい腕をもっていた。そして、その技を継いだ息子が米吉であった（樋畑雪湖「十軒店の思い出・将来」）。

碁盤・双六《すごろく》盤・将棋盤を三面という。碁石や駒、サイコロもそろう。碁盤は 5.3 cm四方、将棋盤は 4.2 cm、双六盤は 4.7 cm × 3.2 cm。

箏・三味線・胡弓を三曲という。長さ 16.5 cmの箏には箏柱《ことじ》7つと箏柱箱、箏爪入れが添う。写真手前の三味線は 8 cm。

写真左から書棚・黒棚・厨子棚。この三つをあわせて三棚といい、書籍や文箱、香道具、化粧道具などをのせた。棚の戸はすべて開き、内部にも精巧な蒔絵がほどこされている。棚の高は 11.2 cm～ 12.5 cm。

明治二八年の『東京諸営業員録』には「武蔵屋万場米吉…祖先より該業に従事し、…総て自家製造也　御誂品は益々精工を可尽雛道具教育玩具家屋船舶模型木偶其他彫刻類」とあり、同店には芥子雛道具・芥子細工の伝統が生きていたことがわかる。

同二三年の『第三回内国勧業博覧会出品目録』は、まだ鎌吉の名前なので、明治二〇年代の終わり頃、鎌吉から米吉へ代替わりをしたのだろう。その後外国人への土産物などで繁盛したが、大正一二年の関東震災後には普通の玩具屋になってしまった（『東京繁盛記下町編』）という。

江戸の面影を消し去ったとされる関東大震災だが、芥子雛に代表される江戸の技術もここで終焉を迎えたのだろうか。その最後の輝きともいえる優品が田中家の雛と雛道具である。

明治32年頃の二代田中平八・澄子夫人と長女花子

〈田中平八家・御殿と芥子雛〉　内裏雛・三人官女・稚児　男雛 13.3 ㎝・女雛 9.5 ㎝・官女（左右）17 ㎝

近世と近代の融合

商家の名門 三井家の雛飾り

Hina display of dolls from both Edo and Meiji periods passed down in the Mitsui Family, a distinguished, wealthy merchant family

大正時代の撮影とされる北三井家麻布今井町本邸の広間に飾られた十代高棟《たかみね》夫人の苞子《もとこ》の雛飾り。苞子は旧富山藩主前田利声《としかた》の娘として明治二年に生まれ、二五年に結婚する。

雛段の中央部に苞子が嫁いだ二年後に新調した京都の老舗「丸平」こと大木人形店の内裏雛、向かって左に有職雛、右に享保雛が並んでいる。有職雛は実家の前田家から持参したものか。また雛段には、祖母の実家広島藩主浅野家の雛道具が並び、右下方には西洋人形もみえる。大名家の娘が嫁いだ商家三井家の雛飾りには、町雛の享保雛に公家の有職雛、そして明治の内裏雛と、近世と近代の融合をみることができる。

ここには封建的な身分制度が改革され、異なった身分間の結婚や職業選択の自由などをみとめた明治の息吹が立ちのぼっている。

北三井家本邸広間の雛飾り　写真所蔵：公益財団法人三井文庫

〈**有職雛・三井苞子《もとこ》旧蔵**〉　男雛 34.8 cm・女雛 30.8 cm

〈**内裏雛・三井苞子旧蔵**〉　三世大木平蔵作　男雛 36.2 cm・女雛 31 cm

雛の近代の饗宴

尾張徳川家三代の雛飾り

Hina display of dolls
owned by the wives of three generations
of the Owari-Tokugawa Family,
from the Meiji to Showa period

徳川美術館の創始者である尾張徳川家十九代徳川義親の夫人米子、二十代義知夫人正子、そして二十一代義宣（徳川美術館前館長）夫人の三千子と、尾張徳川家三世代にわたる夫人たちの、高さ二メートル、間口約七メートルにおよぶ豪華な雛段飾り。時代ごとの雛人形や雛道具の変遷をみることができる。

十九代米子の雛段を飾る小さな御所人形の数々と、毛植《けうえ》細工（左下から二段目）などには幕末の風情がただよう。

中央の二十代正子の十五人揃え（次頁参照）は、雛飾りが規格化されようとする当時の最高級品だ。向かって右側、二十一代三千子の雛段に並ぶのは、昭和の名工野口光彦・岡本玉水の雛や御所人形だろうか。まさにその時代の名品が一堂に集っている。

テキスト編

祈りと願いの系譜

雛遊びから雛祭りへ

目次

【凡例】

・引用文献の表記
紙数の関係で、原則として引用文献は次のように表記した。本文中に、［著者の姓・発行年・頁］を（是澤二〇〇一：20頁）のように記す。さらに巻末に一括して、論文は［著者名・発行年・論文名・雑誌名・巻号数］、単行本は［著者名・発行年・書名 出版社］の要領で、発行年の古いものから順に記載する。江戸期のものは、本文中に書名のみを記し、主要参考文献の項で出典を明らかにした。

・参考文献の表記
主要参考文献は、［著者名・論文名・書名（雑誌名）・出版社・発行年］の順で、明治以前・以降・論文にわけて記載した。

・引用にあたり、一部現代仮名遣い、常用漢字に改めたところがある。また傍点やルビも適宜補った。

・カラー頁（5～80頁）はほぼ書き下ろしだが、参考までに初出の掲載誌等を示しておいた。テキスト編（83～129頁）は初出論文を表記したが、内容が錯綜しており、厳密に対応していない章もあることをお断りしておく。

・図版はとくにことわりがない場合は筆者蔵である。

はじめに――雛祭りのイメージ

雛祭りは、遠く平安時代から続く日本古来の年中行事というイメージを抱きやすいが、現在のような雛祭りが確立するのは意外に新しく、江戸時代も半ばをすぎた一八世紀中頃のことだ。

確かに内裏雛の姿は平安貴族を連想させるし、『源氏物語』には、光源氏が幼さの残る若紫（紫の上）の部屋をのぞくと、彼女が「ひひな」遊びに興じている場面がある（「紅葉賀」）。だが、これは雛祭りの源流の一つでこそあれ、貴族の子どもたちのままごと遊びのようなものであった。また須磨の巻には、三月巳日に源氏がヒトガタを舟に乗せて海に流すところがある。この「ひひな」遊びと、心身の穢《けが》れや罪科を形代（カタシロ）・人形（ヒトガタ）に託すことによって川や海に流して身を清める信仰行事、なかでも三月上巳《じょうし》の祓《はら》いなどが、いつの間にか溶け合って、雛祭りは始まったと考えられている。

まず『源氏物語』『枕草子』などにみられる、王朝時代の雛遊びの様子をみてみよう。

一　雛祭りの源流　雛遊びのころ

◆一　ひひな遊びの起源

大人から子どもの遊びへ――『斎宮女御集』と『源氏物語』

江戸時代前期の国学者契沖《けいちゅう》（一六四〇～一七〇一）が著した『河社《かわやしろ》』には、雛遊びにかけた歌の初出と思われるものが紹介されている。

> うちにおはせし時、ひひなあそび《遊》の神の御もとにまうでたる女をとこ《男》まであひて、物いひかはす／そのかみはさしてもおも《思》はでこ《来》しかともおもふことこそこと《異》になりぬれ／女の返し／神だにもいのることだにあるものをあだしおもひやいかがなるらん

斎宮女御《さいぐうのにょうご》（三十六歌仙の一人。村上天皇の女御となり、規子《きし》内親王を産む）が内裏にいた時のこと、おそらく村上天皇（九二六～九六七）との間でおこなわれた雛遊びで、女と男の人形が神社参詣で一緒になり、贈答歌（二人がその意中を述べてやり取りする歌）を交わす。「お詣りを志した当時は、神様をそれほどとも思わずにやって来たのですが、あなたにお会いして私の心が以前とはまるで変わったものになってしまってからというものは、神様の霊験についても認識を変えてしまったことです」と男はいう。女は「『神様だけでもわたくしの気持ちをわかっていただきたい』と祈ることすらありますのに、その神のことは『さしも思はで』などとおっしゃるいいかげんな、変わりやすいお心では、この先いったいどうなるのでしょうか」と返す。ともに男女の「ひひな」に託して詠うのである。（『斎宮女御集注釈』一九八一）

「おなじひひなのやしろ《社》のまへのかは《河》にもみぢ《紅葉》ちるところ《所》にて」という詞書《ことばがき》（和歌の前書き）があるように、雛遊びに小さな神社をつくり男女の人形に神詣《もう》でのまねごとをさせたのであろう。斎宮女御は寛和元年（九八五）に亡くなったとされる人なので、一〇世紀中頃には雛遊びはあったのかもしれない（『骨董集』）。しかしこれらは若い男女が「ひひな」に託して言葉を交わす遊びとして用いられたようだ。それがいつの間にか子どもの遊びに転化した（有坂一九四三：45～46頁）と考えられる。少なくとも『源氏物語』が成立したとされる一一世紀頃

には、多くの物語に「ひひな遊び」は、おもに大人になる前の女児の遊びのように描かれている。

王朝の雛遊び——遊びの世界の必須科目

「ひひな遊び」が今日の雛祭りとは異なること、それは季節に関係のない人形遊びであることは、すでに江戸時代からよく知られていた。なかでも文化一二年（一八一五）刊『骨董集』下巻は、雛祭りの起源を多方面から考証している。同書によれば『宇津保物語』『蜻蛉《かげろう》日記』『枕草子』など、多くの書物に雛遊びの所見がみられる。『源氏物語』では、「末摘花」「紅葉賀」は正月、「野分」は八月、「夕霧」は八月末に「ひひな遊び」がおこなわれているなど、季節も三月と定まっていなかった。

例えば、元旦の朝拝《ちょうはい》にでかける間際に、源氏が若紫（紫の上）の部屋に立ち寄り、雛遊びに熱中している姿に微笑んでしまう「紅葉賀」をみてみよう。

若紫は、三尺の対の御厨子《みずし》にたくさんの道具を飾り並べ、いくつもの小さな御殿を部屋いっぱいにひろげて遊んでいる。

> いつしか雛《ひひな》をしするゐてそそきゐたまへる、三尺の対の御厨子一具に品々しつらひするゐて、また、小さき屋ども作り集めて奉りたまへるを、ところせきまで遊びひろげたまへり。

「そそく」はせわしくするという意味。

若紫は「儺《な》やらふとて、犬君《いぬき》がこれをこぼちはべりにければ、つくろひはべるぞ（追儺《ついな》〔鬼やらい〕をするといって、犬君（遊び相手の童女の名前）がこれをこわしてしまったものですから繕っておりますの）」と源氏に訴える。そんな若紫に源氏は「めでたい今日は不吉なことは慎んで、お泣きになってはいけませんよ」と声をかける。でかける源氏を若紫も女房たちと一緒に見送るが、姫の関心は雛遊びのほうにあるようで、「雛の中の源氏の君つくろひたてて、内裏に参らせなどし給ふ」。傍らの少納言に、せめて今年からでも、もう少し大人らしくなさいませ、「十にあまりぬる人は、雛遊びは忌みはべるものを」と小言をいわれる場面だ。

「ひひな」を源氏に見立てて参内のまねをさせ、食器を並べて酒宴のまねなどもしたのだろうか。遊びに夢中になっている姫を乳母の少納言は、そろそろ年をわきまえなさい、と諌めている。「ひひな遊び」は、子どもの遊びとされていたことがわかる。

「王朝の子どもとは、誕生時の産養《うぶやしない》、五十日《いか》、百日《ももか》の祝いを経て、着袴《ちゃっこ》（＝袴着《はかまぎ》）を済ませた幼年期から、成人成女の儀である元服・裳着《もぎ》の前までの時期にある少年、少女」たちを指す。「十一歳前後から、十五、六歳に行われるのが通常で、多くの場合この儀をすませると、まもなく結婚」になる。十歳を超えた、裳着がそう遠くない時期の若紫の「幼さを演出する恰好の物語上の小道具」が雛遊びだ。それは大人になる前の、ごく短い時期におこなわれる遊びであった。しかし同時に結婚が見えてくると、ふさわしくないものとして否定される遊戯でもあった。つまり雛遊びをとおして結婚生活を再現し、男女や夫婦、さらには主人や女房の役割をまなぶ。それは「してもしなくてもいい遊戯なのではなく、裳着を前にした数年間にきっちり行うことが望ましい、いわば遊びの世界の必須科目のようなものだった」と考えられる（川名二〇一〇：131～135頁）。

ひひな遊びの雛（人形）の特徴

雛遊びの主人公として使われた「ひひな（人形）」の様子を、もう少し詳しくみてみよう。『栄華物語』などをみるかぎりでは、雛は男女をあらわした対の人形であり、小さくかわいらしい衣裳をつけた人形だったことがわかる（『骨董集』）。

例えば、同物語巻十九「御裳着」には、東宮と姫宮の美しさにみとれた皇太后妍子《けんし》の乳母の典侍《ないしのすけ》が「いかに雛《ひひな》遊びのやうにて、をかしうおはしまさん」、同書巻十四「あさみどり」にも、関白藤原道長の一五歳ほどの息子を侍従中納言藤原行成が自分の一二歳ばかりの娘の婿にしたいと申し出ると、道長が「雛遊《ひいなあそ》びのやうにて、をかしからん」とまんざらではない様子であった、ところなどがある。いずれも若い男女のかわいらしい姿を雛にたとえている。

また先に紹介した『源氏物語』「紅葉賀」の「雛の中の源氏の君つくろひたてて、内裏に参らせなどし給ふ」という表現から、「ひひな」は坐った人形ではなく、今日の塩化ビニール製の着せ替え人形（リカちゃん人形）のような立ち姿の人形でなければ、このようには遊びにくいと思われる（山田一九六一：35〜36頁）。「夕霧」の巻にも、雲居雁《くもいのかり》（源氏の子夕霧の妻）が子どもたちと「雛をつくり拾ひ据ゑて遊びたまふ」という記述がある。「拾ひ据ゑて」というのだから、手にとって立たせたのであろう。「雛はそれ自体では立たないため、床から起こして手で支えながら動かして遊ぶことを暗示している」（川名二〇〇五：113頁）。「総角《あげまき》」の巻では、臨終の床にある大君《おおいぎみ》の衰弱の姿が「中に身もなき雛を臥せたらむ心地して」などと描写されている。「顔を袖で隠しているので、白い衣服ばかりが目につき、体の厚みのないのが雛人形」という印象を与える（山田一九六一：35頁）のだ。雛は扁平で、角ばっていたことなども推測される。

【図1】男性が立雛を手にしている。（「十二ヶ月のうち　花見月」三代豊国　弘化〜嘉永）

しかも「雛遊びにも、絵描いたまふにも、源氏の君と作り出でて、きよらなる衣着せかしづきたまふ」というのだから、光源氏の雛を自分でつくっているようだ。若紫（あるいはまわりの女房）など「素人が手近な材料で人形をつくるのには、まず紙を折って、紙雛のような品をこしらえるほかない」。このように考えると、雛は紙製で、小さくかわいらしくつくった人形で、衣裳をつけた、いわゆる後世の立雛に近いものだろう（山田一九六一：35頁）。【図1】

いずれにして現在版本などで確認される雛人形の古い形態は、男女一対の立ち姿の「立雛」だ。若紫の遊ぶ姿にのみ注目すれば、「紅葉賀」に描かれている雛遊びの様子は、江戸時代後期に女児が「ひなさま事、まゝ事」といって「紙びな」でする人形遊び、いわゆる姉様人形で遊ぶ「ままごと」とそっくりだ（『骨董集』）。『源氏物語』にみられる「ひひな遊び」は、単なる子どもの人形遊びに近いものと推測できるだろう。

二　贅をつくした雛遊び

素朴な雛と豪華な道具

国文学の立場から『源氏物語』などを中心に雛遊びを分析した研究

によれば、雛道具は「専門の職人による鑑賞に値する工芸品のような遊具」もあり、「雛本体よりも雛道具に意匠を凝らすことが先行する当時の傾向が窺われる」（川名二〇〇五：116〜117頁）という。

いくら雛（人形）にきらびやかな衣装を着せてかわいらしくしても、先に指摘したように人形自体は手づくりに近い簡素なものであった。一方、雛道具は「袴着などの儀式の模様や姫君の部屋の室礼などの様を『雛遊びのやう』『雛の心地』などと喩える表現を諸書に見出すことができる」。雛遊びの道具は実際に存在する物品の精巧なミニチュアであり、少なくとも「三尺の対の御厨子一具に品々しつらひするゐて」（『紅葉賀』）いるように、「厨子に収納するような道具を取り揃えていた」ことは否定できない。「簡素な紙雛に布を巻き付け、葉っぱや反故の紙を器や住居に見立てることも雛遊びであり、また立派な調度を並べて遊ぶことも同じ雛遊びであった」（川名二〇〇五：117頁）。

時代は下るが、王朝貴族を主人公にした作者未詳の擬古物語『恋路ゆかしき大将』第二巻は、雛遊びの雛道具、特に雛屋に贅をつくした様子を詳細に描いている。

同書は鎌倉時代後期の成立とされるが、中世的用語・用法を多分に含むので室町時代成立説さえある。趣向も比較的平凡で、素材の新奇もなく、優れた性格描写もみられない作品（『日本古典文学大辞典』第二巻）だが、雛遊びの様子は、他のどの物語よりもまとまった文章量で、詳しく記述されている。「中世は雛人形の暗黒時代」（斉藤一九七五：22頁）といわれるように、鎌倉後期から室町時代という雛遊びの記録がほとんどない時代の資料である。人形史の上ではこれまで全く紹介されていないこともあり、雛祭りを語る上で大変興味深い書であろう。

雛を主役に雛屋の人形遊び

野分《のわき》（台風）の翌朝主人公恋路大将が、幼い女二宮に出会い、心を奪われるところから物語には「雛《ひいな》」という語が頻出する。特に彼女の歓心を買い、結ばれるまでの間の道具として、雛遊びが重要な役割を果たしている。

外から室内をみられないための目隠しの役割を果たす立蔀《たてじとみ》などが倒れて、どこも丸見えになっている館にあらわれた恋路は、虫かごを手に持ち、坪庭の草むらに童たちをながめながら「雛屋に虫がいるといいのに」という女二宮を目にする。傍の人から「苔や露も入れたらもっといいよ」といわれ、本当にそうだと思っている姿に心を惹かれる恋路。その面影が忘れられない彼は、女二宮がほしがっていた雛屋を、わざわざ奈良から職人を集めてつくらせ、献上するのだ。

> 大将は、ありし御面影の身を去らぬままに、奈良にこそこまかなる細工はあむなれと、召し集へたるに、虫も雛も一つに濡れて苦しみあるまじきさまにしつらはせ給へる雛屋のさま、御心の際、そこひなくめづらかなり。

虫も人形も一緒にして、濡れてもかまわないようにつくられた雛屋は、まれにみる見事さであった。しかも帝から女二宮を与えてもよいという示唆をうけた恋路は、ますます雛屋づくりに熱中し、自邸にも、三条殿の寝殿の西面、九間ばかりの所に、内裏をはじめ、洛中洛外の景物をつくりあげる。恋路自身も馬鹿らしいことをしている、とわかっているようで、「我ながら言ふかひなやと思ふかな野なる虫にも宿をしめさす」と詠っている。それでもこんなことをしてしまうのは、女二宮の心を惹きつけたいと思うからだ。

　その年も暮れ、一三歳になった女二宮は女性の成人儀礼である裳着を迎える。その翌日、帝は参内した恋路に女二宮を引き合わせ、ついに二月二〇日すぎに雛屋御覧の行幸《ぎょうこう》がおこなわれる。それは内裏をつくり「京中の名ある所々」を集めた、さらに立派な雛屋であった。

　雛屋に写された大内裏は、姫宮方に親しみのない八省院・豊楽院などまで全部つくるのを遠慮したのか、十六殿・五舎・中門だけだが【図2】、その他は洛中の有名な所が再現されている。北山には雪を降らせ、東山や白河のあたりは春の花でおおわれ、南の鳥羽殿の景色は中島の夏木立を涼しげに植える。淀野のあやめ・真菰草《まこもぐさ》を茂らせ、西には嵯峨野の秋の草花、小倉山の鹿の立っている所、紅葉を吹きおろす嵐山や、有名な大井川、筏《いかだ》の上の落葉、村濃《むらご》に見える滝の白糸まで、まぶしいほどの美しさだ。その中にも戸無瀬の院を模して、世間のものとは比べものにならない泉水《せんずい》・木立・御堂の装飾などの景色をそっくりそのまま写しているのだ。

　その「いかなる言の葉にて」言いつくせないほどのすばらしさに、

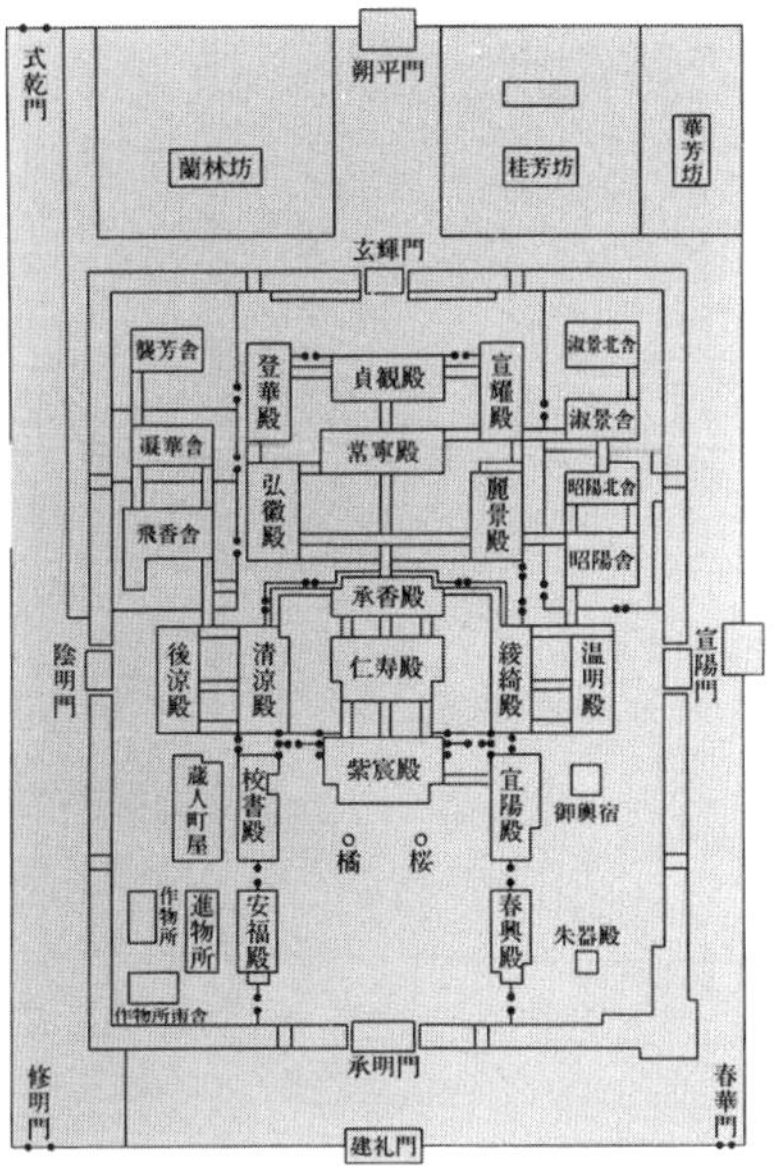

【図2】内裏には中央五・東六・西六殿あり、あわせて十七殿になる。十六殿は誤りだろうか。仁寿殿北側の七殿五舎が后妃たちの住まいである後宮だ。（淡交社『よみがえる平安京』より転載）

女二宮はここから離れられない様子で見つめている。彼女は三日間滞在して帰るが、その後恋路は「雛屋」に住む人からのお便りですといって、雛（人形）の召使をつくり、その小さな身体に大きな山吹の枝を通して歌を贈る。次に三月の末頃、彼女が再び恋路の邸を訪れた時、さらにすばらしい細工が加わり「池の藤波は紫の雲にまがひ、八重山吹は井出の里にこえて咲き乱れ」「青葉の桜など」「数を尽くして咲き続きたる」さまであった。

　このようにみていると、雛屋はまさに人形遊びの家や舞台なのであろう。日常の身のまわりの道具ばかりではなく、家はおろか街や行楽地まで再現してしまう「ひひな遊び」は、まさに貴族の子どもたちの雛を主役にするままごと遊びのようなものであり、三月にかかわらず遊ばれていた。『源氏物語』の時代の雛遊びも、基本的には『恋路ゆかしき大将』の時代と変わらなかったようだ。

　つまり「ひひな」そのものは手づくりの素朴な紙雛に近いが、雛遊びの空間にはいろいろな道具類をはじめ家や住環境まで、専門の職人さえも動員する贅をつくすものもあった。

人の形をつくることへの恐れ

『栄華物語』巻一九「御裳着」には「雛《ひひな》など作りたてたるはをかしげなれど、たをやかならず見ゆれば口惜し。絵はめでたくかきたれど、ものいはず動かねばかひなし」というくだりがある。絵は美しく描かれているが動かすことはできない、雛はきれいでも、しなやかさがないので残念だ、というのだ。絵に比べて素朴なつくりの雛（人形）は現実味に欠ける。人形遊びの宿命といえばそれまでだが、それをより生身の人間に近づけたり鑑賞用のものにまで発展させる努力も、当時の人々はしなかったのではないか。

　もっともそれは平安期に立派な人の形をつくる技術がなかったから

ではない。たとえ技巧をこらして生き写しのような人形をつくれたとしても、それを遊びに使うにはためらいや恐れがあったのではないだろうか。当時の人々がリアルな人の像、いわゆる人形をつくる技術をもっていたことは『枕草子』「みあれの宣旨《せじ》の」から推し量ることができるかもしれない。

みあれの宣旨の、上に五寸ばかりなる殿上童のいとをかしげなるを作りて、みづら結ひ、装束などうるはしくして、なかに名書きて奉らせたまひけるを、ともあきらのおほきみと書いたりけるを、いみじうこそ興ぜさせたまひけれ。

「みあれの宣旨」という女房が長さ五寸（一五センチ）ほどの殿上童を写した人形をつくり、髪は角髪《みずら》（平安時代頃の少年の髪形）に結い、衣装などをきちんと立派に着せて、名を書いて献上し、天皇もそれをたいへんおもしろがられた、というのだ。

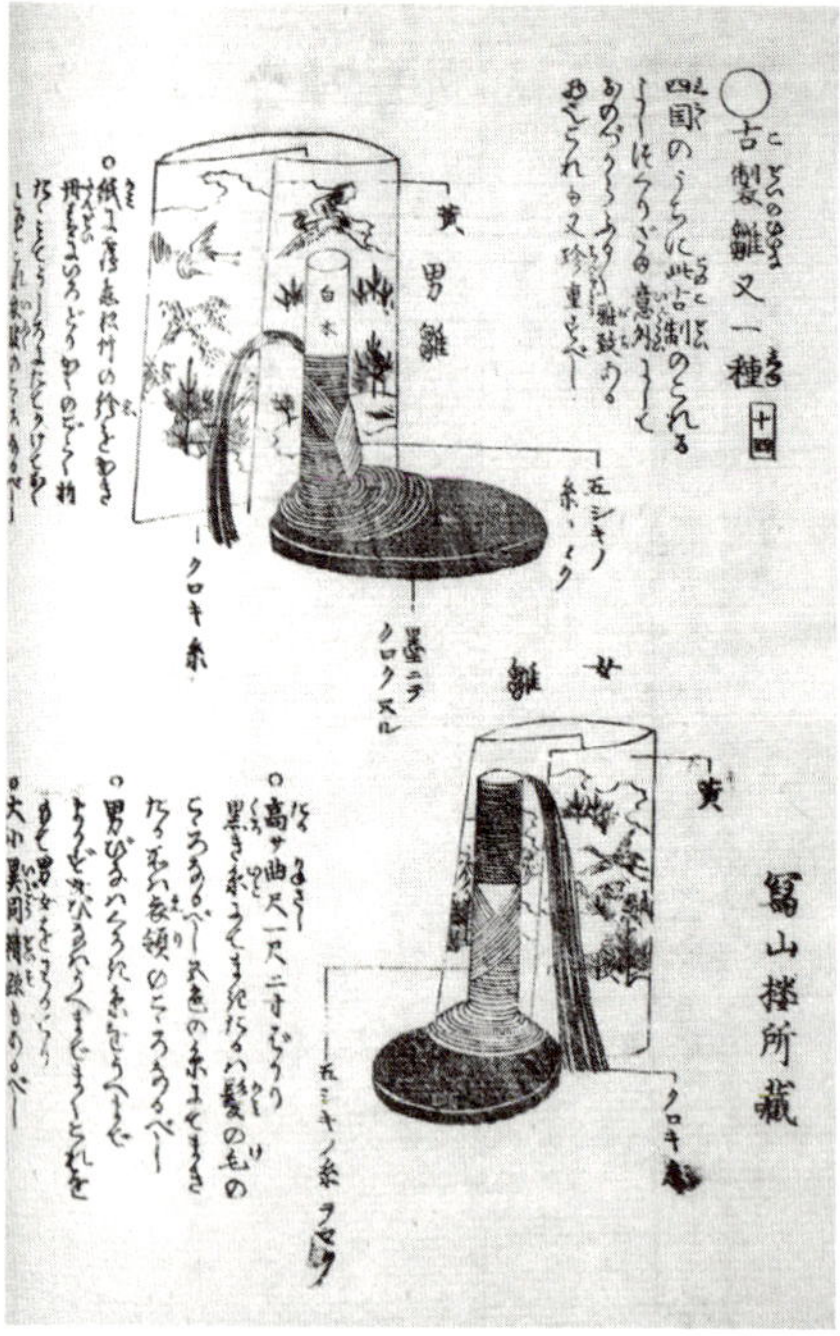

【図3】『骨董集』「古製雛又一種」に描かれた男雛と女雛。

「人の形を写し、それに衣装等を着せつけたもの」を、とりあえず「人形」と定義すれば、おそらく「ともあきらのおほきみ」は、完成度の高い子どもの人形だったのであろう。当時の仏像彫刻をみても、人形製作の技術が稚拙だったとは考えがたい。

「日本の古代から中世にかけて貴族たちが残した日記や記録類を読んでみると、当時の社会には〝穢《けがれ》〟を巡って実に様々な規則や禁忌が存在し、それがほとんど煩わしいまでに人々の日常行動を支配していた様子に驚かされる」（山本二〇〇九：11頁）。人形は、子どもの遊び道具であると同時に、穢れを祓うため用いられるヒトガタなどの呪術的な要素をあわせてもっている。

ヒトガタの面影を残す雛

祓いに使われる人形（ヒトガタ）は、奈良時代の初めに起源があるというが、毎年六月・一二月の晦日《みそか》に大祓が実修され、人形はなくてはならぬものであった。それに身を撫で、気息を吹きつけることで自己の罪穢れや厄災を移し流す方法で、個人の除災招福を目的とした。ただし、中世以降の人形は類例が少なく、系統的に追究できていない。それは人形が木から紙へ転換したせいもあるが、担った目的が、九世紀以降の呪符《じゅふ》（病気・たたりなど厄災を予防する呪力があるとして身につける札。まじないの札）の普及にとって代わられたことも関係するのではない（金子一九八五：9〜10頁）だろうか。

後述するように「にんぎょう」という用語が一般的になるのは、室町時代中頃だが、まだ「撫でもの」「ヒトガタ」のような信仰的要素が強かった。それが鑑賞・愛玩物を指す言葉へと変化するのは近世になってから、そして、雛人形をはじめ御所人形・加茂人形など多種多様な人形が現れるのは江戸時代後期だ。

王朝時代の古風な面影を残す雛の姿は、『骨董集』（江戸後期、戯作者山東京伝《さんとうきょうでん》の随筆）も暗示しているように、朝鮮や薩摩・琉球などの、いわゆる郷土玩具などにみることができる。例えば、朝鮮は人形に対する呪術的な要素が強く、玩具としての人形があまり存在しない国である。一九八八年発行の大韓民国『国立民俗博物館』図録のなかの芸能娯楽室に展示されている人形遊びをする少女たちがもつ人形は、今日の姉様人形のような顔のない衣装を胴体にまきつけている。

またこれに類似するものが日本の郷土玩具にも複数みられる。例えば、鹿児島地方のいわゆる薩摩の糸雛は、竹を首に見立て、その先端につけた麻糸を後部に垂らして髪にしている。襟の部分だけは写実的に五、六枚の色紙や布を重ねて厚みをだし、衣装の正面に絵が描かれているものもある。立雛から変形した古雛の一種と考えられるが、香川の讃岐雛、高知の土佐雛、琉球の紙雛など、これと似たものが地方に残っている【図3】。これらは顔の輪郭だけで、目鼻など顔の表情は描かれていない。立ち姿で胴に布を巻いただけで、四肢にいたるまで人の形としてのリアルさを求めていない点でも共通している。『源氏物語』などに描かれる「ひひな」と共通する何かを想像させる。むしろ雛道具は贅をつくしたものをこしらえても、雛（人形）はあえて素朴なものにしたのではないか。

◆三 雛の語源

「ひひな」か「ひな」か

雛の語源は、小さくつくられ、愛らしいものの意味で、それが愛玩用の人形に転化したとされる。契沖『和字正濫要略《わじしょうらんようりゃく》』、本居宣長《もとおりのりなが》『玉勝間《たまかつま》』などは、雛という語は鳥の「雛の小さく愛らしい」姿に由来するという。その点では一致しているが、「確証的論拠に基づくもの」ではない（半澤一九八〇：４３５頁）。ただし「ひひな」の語義、および仮名については諸説ある。例えば、契沖は鳥の子が鳴く声からきたといい、宣長は鳥の雛のように物を小さくつくった形からきている、という。一見すると後者に軍配が上がりそうだが、少し詳しくみてみよう。

契沖は『和字正濫要略』で『斎宮女御集』『中務集《なかつかさしゅう》』などに「ひゝな」とあるのを引き、「俗本の仮名は証」とはしがたいが、これらの本が皆「ひゝな」とあるのは『ひゝなきを略して』のことであろう。つまり「『ひひ』はひひと聞える（鳥の）鳴声、『な』は『鳴き』の意である」という。当時の「ひ」の音は唇を動かすɸiであったから、ɸi-ɸiは、ɸi-iのごとく発音した。「ひな」というのは、「ひひな」から「ひいな」へ、さらに「ひな」へ転じて略されたものと考えられる（池田一九六八：５４９頁）。

しかし本居宣長は、これと逆の説を立てる（『玉勝間』巻一〇）。

…ひなといふを、ふるくひゐなとしもいへるは、詩歌をしいか、四時をしいし、女房をにようばうといふたぐひにて、ひもじを引ていふなれば、仮名はひいなと書べきを、ゐと書るはたがへり…

つまり「ひな」の「ひ」文字を長く引いて「ひいな」とよぶのであり、「ひゐな」と書いてあるのは誤りだ、という。

山東京伝もこの説に従い、しばらく「ひいな」のカナを用いたが、『釈日本紀《しゃくにほんぎ》』（日本書紀の注釈書。一二七四～一三〇一に成立）巻二四に「比比奈遊」、『江家次第《ごうけしだい》』（平安後期の有職故実書）巻一七の立太子の条にも「比々奈」とあるので、「ひひな」と書くのは悪いことでもないのではないか。ただし『和名類聚抄《わみょうるいじゅうしょう》』（平安中期九三四年頃成立の漢和辞書）に「雛」の字を「和名　比奈」、『御堂関白集』にも「ひなや」と書いているところがある。自分にはどっちが正しいのかわからない、としている。

ただし平安朝文学の権威であった池田亀鑑《きかん》（一八九六～一九五六）は、上記の二書の例もあるので、宣長の説にも従うべきかもしれない、しかし「宣長は『ひな』の語の成立に関しては説をなしていない」のだから、「ひひな—ひいな—ひなと転じたものとみるべきでは」ないか（池田一九六八）とする。そして田中重太郎も「『西宮記』『三宝絵』などには『比比奈』『比比那』と」あるので「『ひひな』がもとで略して『ひな』といったのであろう。少なくとも『ひな』が『ひいな』になったとは考え難く、『ひいな』は『ひひな』の音便か（契沖）という説まで考慮の枠に入る」としている（田中一九七二：269頁）。

どちらも『和名類聚抄』の「雛」＝「和名　比奈」の説明は避けているので、契沖説を支持するにはやや苦しい論理展開だ。しかし国文学の世界では、鳥の子の鳴声云々はさておき、言葉からみれば「ひひな—ひいな—ひな」と転じたもの、という契沖の説が主流のようだ。

「ひひな」と「ひな」は別の意味

『日本国語大辞典』（第二版）の「ひな【雛】」の「語誌」には、それを解決する糸口があるかもしれない。すなわち同書は「（1）語形として『ひいな』と『ひな』があるが、『ひいな』が人形の意に限定されているのに対し、『ひな』にはひよこ、小さいなどの意もある。…中古においては『ひいな』『ひな』で意味が分化していたとも考えられる」「『ひいな』はその後衰退してゆくが、それに伴って近世には『ひな』が人形の意も表わすようになる」というのだ。

人形史研究家の有坂与太郎は、宣長説を支持し、契沖の説を「論ずるまでもない」臆説と一蹴しているが、「ひいなを鳥の雛に擬したもの」という点には疑いをもっている。例えば『三宝絵詞』（平安中期九八四年成立の仏教説話集）の法華寺華厳会《けごんえ》には尼たちが「タケ七、八寸バカリ」の人形をこしらえて飾ったことが記載され、これが「ひひな」と表記されている。したがって、「七、八寸に及ぶひいなを鳥の雛にたとへる」のは妥当ではない、つまり「ひひな」は「人の雛形」だ（有坂一九四三：42～43頁）というのである。確かに人形史の研究者らしい着眼だ。少なくとも「ヒヒナ」とよばれる「衣装を着脱し得べき偶像が奈良時代」にあったことは、『三宝絵詞』の記述からわかる（桜井一九二九：358頁）。

鳥の子の小さいのを「ひな」という用例は日本書紀からある。また『枕草子』の「うつくしきもの」に「鶏の雛」が白くかわいらしく、短い着物を着て足が長くでている様子で「ひよひよとかしがましく鳴きて」人の後ろをついてまわったり、親鳥のそばに並んでうろうろする、という段も有名だ。しかし、それは「ひな（雛）」であっても「ひひな」ではないのではないか。

このように考えると「ひいな」と「ひな」の意味が分化していた、という『日本国語大辞典』の仮説も説得力が生まれる。『和名類聚抄』はあくまで「雛」の字を「和名　比奈」といっているにすぎない。つまり「ひひな」は「人の形を小さくした像」、すなわち「人形」という意味と考える方が理解しやすいだろう。例えば、池田亀鑑編『源氏物語大成』第四巻索引篇によれば、『源氏物語』には「ひひな（雛）」七例、「ひひなあそび（雛遊）」八例、「ひひなのとの（雛殿）」二例の計一七例あるが、「ひひな遊び」の場面には、「ひな」の表記はなく、あくまで「ひひな」「ひゐな」「ひいな」である。雛遊びに限っていえば、鳥の子どものような小さいものを表わす「ひな」ではなく、あくまで人間の姿を小さくかたどった人形を「ひひな」と呼んでいるようだ。

次に同じく人形の語源とされる祓いの「カタシロ」「ヒトガタ」と「ひひな」との関係を整理してみよう。

◆四　雛人形の形成期　信仰から遊びへ

穢れを祓う巳日祓と雛遊び

考古学の業績によれば、日本では呪詛《じゅそ》人形、いわゆる呪《のろい》の人形は平城京跡から出土しているが類例は少なく、祓いに使われる人形が一般的であったと考えられている。金銅製、鉄製、石製などがあるが、土製品を除き、木製品が原型で、それにはコケシ風のものと、顔などを墨書きした扁平の二種がある（金子一九八五：9頁）という。

祓いに使われる「カタシロ」は、人の身代わりであることから「ヒトガタ」ともよばれる。現代では人の形、あるいは人の代わりになるという意味では、「カタシロ」と「ヒトガタ」は同じ意味で使用されている（ただし「カタシロ」は神体や牛馬、武具、鏡など何かの代わりを表すものの総称とされ、「ヒトガタ」を含む広い概念のようだ）。現在でも神社によっては、人の形をかたどった紙の「カタシロ」を授与しているところがある。これに名前や年齢を書いて出すと、その人の身代わりとしてお祓いをしてくれる。また「カタシロ」で体を撫でて穢《けが》れや禍《わざわ》いを移して、川や海に流すこともおこなわれてきた。身体を撫でて災いを移すので「撫でもの」ともよばれる。

穢れは呪術＝宗教的観念によって、不浄・不潔とされたものだ。人々にとって穢れは恐怖であり、神罰をおそれ、罪の償いを神に求めて禊《みそ》ぎ祓いが繰り返された。穢れたものは感染するので、排除あるいは隔離され、日常世界に復帰するためには一定の儀礼が必要とされる。具体的に穢れとされた事象を整理すると、人間や獣の死、産、失火などがあげられる。古代と中世で穢れの観念の明確な区別は見られないが、時代が下がるにつれてその定義が拡大し、人々の日常生活の細部にいたるまで支配する。

穢れなどを祓う方法は、大別して二つに分けられる。今日でも、過去をとがめないことを「水に流す」というが、その一つは水を用いておこなう方法で、これは〝禊《みそ》ぎ〟といわれる。もう一つは、罪穢れを祓いの麻やカタシロに託すことによってわが身を清める、いわゆる〝お祓い〟といわれるものだ。宮中では毎月の晦日に祓いをし、特に六月と一二月に大祓をおこなう。こうした祓いにカタシロ・ヒトガタを使うことはよく知られている。また巳日祓《みのひのはらえ》は、三月の巳の日におこなう祓いで、上巳《じょうし》・中巳《ちゅうし》の別があった。人形を用い、河原に臨んで陰陽師がつとめるなどの河臨祓《かりんはらえ》でもあった（沼部一九八五：138〜139頁）。

『源氏物語』須磨の巻には、三月の巳日祓に浜辺に幕をめぐらし、陰陽師を呼んで祓いをさせ、ヒトガタを舟に乗せて海に流している様子が描かれている。このような「巳の日の人形とわが国の俗信仰の祓いに用いる人形とが結合し、さらに幼女のひいな遊びとそこに水辺の宴である曲水宴が入って、のちの三月三日の雛祭が成立」する（山中一九七二：181頁）ことはよく指摘されている。

「ひな」と「御人きやう」

後世「ひひな」という語が衰退するにしたがい、「ひな」が人形の意も獲得していく。「ひひな」と祓いの人形が混同された理由は、南北朝以降の公家生活の荒廃が雛遊びを退化させたことと、祓いの人形が発達したことの二点が考えられる（桜井一九二九：369頁）。それは同時に厄災の身代わりなどの信仰的な要素と愛玩・鑑賞的な要素をあわせもつ、日本の「人形」という概念が確立することでもあった。そしてそれは雛人形にもあてはまるようだ。

平安時代の書物には、ひとがた（人形）・くさひとがた（芻〈蒭?〉霊）・かたしろ（形代）・あまがつ・ひいな（雛）・ひとのかた（人の形）・偶人《ぐうじん》・土偶人・木偶人・人像《ひとがた》・艾人《がいじん》・傀儡《くぐつ》などの語がみえ、さまざまな材料の人形あったことが推測できる。しかしまだ「にんぎょう（人形）」という言葉は生まれていなかったらしく、文献では『色葉字類抄《いろはじるいしょう》』（平安末期一一四七～八一年頃の辞書）に仮名で明記されているのが古いとされる（山田一九六一：15頁）。「にんぎょう」が一般的になるのは、室町時代の中頃のことだ。

御所内のさまざまなことを記した宮廷の女官たちの勤務日記『お湯殿の上の日記』には、文明九年（一四七七）頃から「御人きやう」という用語がしばしばでてくる。そしてそれは上巳、節分、厄年などを祓うために陰陽師から奉じられる。しかし、後世の人形とは少し意味が異なっていて、愛玩とか鑑賞の要素はなかったようだ。では中世の「ヒトガタ」とおなじものかというと、それとも少し異なっていた（北村一九六七：31頁）。

『お湯殿の上の日記』の文明九年三月一日をはじめ、享禄五年（一五三二）「御にんきやう。御なて物いつる」、永禄一一年（一五六八）「けふのしやうし《（上巳）》の御いのりの御なて《（撫）》もの。ないないより御にんきやう《（人形）》そいていつる」など、「撫でもの」と「人形」は区別されていた。そして明応七年（一四九八）三月八日条には「あすみ日の御にんきやうともまいりて。御きぬめさせてこよひ御まくらをかかる」とあるように、撫でもののような「平面的偶像以外に衣裳を着脱」するような人形が併存していたことがわかる（桜井一九二九：369～371頁）。よく引用される天正一四年（一五八六）三月一〇日条をみてみよう。

ひさなか《（久脩）》よりしやうし《（上巳）》の御人きやうまいる。御きぬ上らふき《（着）》せまいらせられ候て。こよひいち《（一夜）》や御まくらもとにおかれて。あすまたひさなかへかへし《（返）》いたさるる。みやの御かたへもしん上申也。

とある。人形は一夜枕元もとにおかれること、また「撫でもの」のように返すことが「ひとがた」とは違っているのだ（北村一九六七：31頁）。この人形が「ヒナ」と呼ばれていたのかどうかわからないが、その姿は雛人形に近いものと思われる（桜井一九二九：371頁）。それは「天児《あまがつ》」【▼59頁】のような役日であったかもしれない（山田一九六一：25頁）。

雛遊びが三月三日に

近世に入ると『お湯殿の上の日記』の延宝四年（一六七六）条に「つちみかと《（土御門）》よりみ《（巳）》の日の御はらへ《（祓）》しん上」と書かれるようになり、巳日祓に「御人きやう」の文字はなくなる。「祓いの修法に人形をもちいなくなったと考えにくい」ので「作法はそのままで、『御人きやう』といえば愛玩物を指す言葉に変化していった」（涌井二〇〇九：58頁）ようだ。もっともその根底では、祓いに込められた祈りや願いの要素が、（雛）人形に含まれていることを忘れてはならない。言葉を変えていえば、信仰・愛玩・鑑賞の三つの要素をあわせもつ日本の「雛人形」の誕生でもあった。やがてそれは鑑賞的要素を高め、一八世紀中頃に絢爛豪華な雛祭りへと発展していくが、その下地が一七世紀にさしかかるころ、形成されはじめていたのだ。

室町時代の『山科言継卿記《やましなことつぐきょうき》』大永七年（一五二七）六月一〇日「武者小路へ罷《まかり》候、ひなの輿《こし》のかな物可仕之由候申間、仕候」とあり、日本語をポルトガル語で解説した『日葡辞書』（一六〇三～〇四）もFina（ヒナ）となっているので、一六世紀の中頃から終わりには、「ひな」が人形の意もあらわしはじめたことがわかる。それと同時に雛遊びが三月三日に固定され、定期的な遊びになりはじめるのだ。

寛文三年（一六六三）『増山井《ぞうやまのい》』（俳句の季語を集めた書）には「ひいなあそひ《（遊）》こそ慥《たしか》なる故もあらねば、うちまかせては雑なるへし、…但、聊《いささか》あひしらひあらは、此比《ごろ》の俗に任せて、けふ《（今日）》の事にも成ぬへしや」

とある。

このように考えると、雛遊びが三月三日になるのはそれほど古いことではなく、天正（一五七三～九二）以後のことではないか（『骨董集』）。その確実な記録として、昭和四年、桜井秀は、『時慶記《ときよしき》』寛永六年（一六二九）三月四日の「昨日中宮ニテヒイナノ樽台ニテ有酒」をあげた（一九二九：371頁）。そしてそれを遡る史料として、昭和一一年、有坂与太郎は『お湯殿の上の日記』寛永二年（一六二五）三月四日条「中宮の御方よりひいなのたい《(台)》の物、御たる《(樽)》まいる」を紹介する（雑誌『人形人』二巻二号）。

このように江戸時代後期と昭和初期に雛祭りに関する研究は進展し、一定の水準に達している。現在では、この時期の成果が通説となり、江戸時代初期には、三月三日に雛遊びがおこなわれていたことが確認できるとされる。しかし『時慶記』をさらに遡ってみると、豊臣秀吉の天下統一の一年後、天正一九年（一五九一）三月三日「小雨ノ晴天　雛禁中へ如例奉」という記述があった。三月三日に雛遊びがおこなわれはじめたのは、少なくとも文献の上では江戸時代以前にまで遡れると言っていいかもしれない。

五 年中行事雛遊び　武家から公家へ

公家社会の俗習としての雛遊び

ただしあくまでも京都の貴族社会では、三月の節句は上巳の節句であり、もともと雛のためにおこなうものではなかった。公家の一部ではこの行事を俗習として軽くみる傾向があったようだ。その一例として三月三日の「女子色直後有此遊、近代風俗」、すなわち雛遊びは近頃の風習だという『基熙公記《もとひろこうき》』享保七年（一七二二）三月三日の記述が紹介されている（桜井一九二九：374、386頁）。

そのような視点に立って『お湯殿の上の日記』寛永二年三月四日条「中宮の御方よりひいなのたいの物、御たるまいる」をみてみよう。ここから雛遊びに用いた台の物や樽が下賜されたことがわかり、三月三日に後水尾《ごみずのお》天皇の中宮、つまり二代将軍秀忠の娘東福門院和子《まさこ》により皇女興子《おきこ》（後の明正天皇）のために雛遊びが催された、という推測が成り立つ。そして寛永三年、三代将軍徳川家光が上洛の際の献上品の記録の一部に「雛遊の具」（九月七日）、「雛遊の調度」（九月八日）がみられる。

「当時洛中に於ける新風俗の源泉」であった東福門院が、色直しの後の皇女のために三月の雛遊びをおこなわせた、それが以後内々の慣習となったのではないか（桜井一九二九：374頁）。確かに「後水尾院（一五九一～一六八〇）の年中行事の三月三日は節供で鶏合せがおこなわれ、桃の花が御杯にきざみこまれるが、雛遊びはない。もしあっても先例に縛られる宮中行事には表向きは記さない」（笹岡一九九六：128頁）。周知のように後水尾天皇は慶長一六年（一六一一）に即位し、禁中並公家諸法度の制定や紫衣《しえ》事件などの幕府の朝廷に対する圧迫や不満などから、前述の中宮和子の産んだ皇女興子に譲位した人物だ。

時代は下るが、禁中の故実に精通していた勢多《せた》章甫《のりみ》（一八三〇～九四）も、「按ズルニ、近代ノ雛祭ハ、古解除ノ沿革セルモノニシテ、寛文前後ヨリ起レルナルベシ。近世御涼所ニ於テ雛人形ヲ陳列セラルト雖モ内々ノ事ナリ。因テ年中ニ載セザルナリ」という（『嘉永年中行事考証』）。寛文（一六六一～七三）以前、つまり一七世紀頃から、公家社会で三月三日に雛遊びが催されたことは確認できる。しかし、それは正式な年中行事ではなく、内々のこととして催されたようだ。

武家の年中行事に——近衛熙子の雛遊び

一方武家では、尾張徳川家の記録「源敬様御代記録」（徳川林政史研究所所蔵）の寛永一四年（一六三七）三月六日条で、尾張徳川義直息女である大姫君へ上巳の祝儀として雛十対が増進される（四辻一九八九：１１４頁）のをはじめ、『大猷院殿御実紀』巻五六・正保元年（一六四四）三月にも、「三月朔日…千代姫（家光の娘）御方へ諸老臣より雛人形をさゝぐ」とある。徳川本家・尾張家ともに、上巳に雛が臣下から姫君にささげられている記録があり、雛遊びが正式な年中行事に組み込まれ催されていたのではないかと推測される。これは武家が雛遊びを自分たちの行事に取り込むことが遅れた結果（有坂一九四三：84頁）ではない。公家間で内々におこなわれていた雛遊びを、武家側が上巳節句の正式な行事に仕立て上げたのだろう。

そこで公家の娘として生まれ、徳川将軍の妻となった近衛基熙の娘熙子《ひろこ》の例をみてみよう。寛文から延宝（一六六一～八一）にかけて熙子の雛遊びは大きく三段階に分かれ、年齢とともに推移している（年齢は数え年）。まず二歳から内々に催され、五歳以降から雛遊びに盛大さが加わり、公に祝われ、一三歳で終わっている。一四歳の折、宮中で皇女の雛遊びが催されているところに参内した熙子は、それをうらやましがり母にねだって宮中に残り遊んだ（萩原一九九九：参照）。確かに『嘉永年中行事考証』には「幼年の宮方へひゐな参る。一三歳迄の事なり」とある。

熙子は六代将軍家宣となる甲府城主綱豊に嫁ぎ、のちに御台所《みだいどころ》となり、夫の死後も天英院として大奥で権勢をふるったことは周知のとおりだが、基熙は江戸に下向した折、公家社会では一二歳で終了したはずの娘熙子の雛遊びに出会う。それは婚礼から三二年後の宝永八年（一七一一）のこと。三月一日条「御台（熙子）ノヒイナヲ見。三十年余以前、御台十三歳見之」（『基熙公記』）。つまり熙子は婚礼時に雛を持参し、武家に嫁いだ後に雛遊びを再開している（萩原一九九九：57頁）。『一条兼香公記』も、享保頃公家の間でも派手に催されるようになった雛飾りは、童《わらわ》遊びであり三月節句の主流ではない、「雛を中心視することは俗習」であるという（桜井一九二九：３７４頁）。このような記録をみるかぎり、雛遊びを三月三日の主要行事にしたのは武家ではなかったのか、と推測できるのである。

江戸幕府は、五節供（正月七日の人日《じんじつ》、三月三日の上巳、五月五日の端午、七月七日の七夕、九月九日の重陽《ちょうよう》）を公式儀礼の日と定める。その日は、公式な祝日として大名旗本を登城させ、祝いの儀式がおこなわれ、将軍拝賀という慣例が成立する（『柳営年中行事』安政五年）。上巳の節句が五節句の一つとして位置づけられ、重視されるなかで、公家の世界では非公式の行事であった雛遊びを武家側が節句行事の中心に据えたのではないか。「年中行事雛祭り（遊び）」は、近世の武家社会が創り出した節句行事だ、と筆者は考えている。やがてこのような雛遊びは、次第に庶民の生活にも浸透し、今日みられる雛祭りの形式を整え、さまざまな雛人形が現れ、女性の祭りとして三月三日を彩るのである。

二　雛遊びから雛祭りへ

◆一　雛祭りの定着　延宝頃

雛遊びの民間への定着

太平の世を迎え、武家や公家の風習は町人にも伝わり、町の雛祭りも次第に派手になる。一家をあげて年中行事に興ずる時代、おそらくその賑わいは我々の想像を超えていただろう。例えば江戸の風物詩の一つに数えられる「雛市《ひないち》」は、一七世紀の終わり頃には町に現れていた。貞享四年（一六八七）『江戸鹿子《かのこ》』巻二「年中行事」の項には、二月二七日から三月二日まで「ヒイナ道具売」、四月二七日から五月四日まで「甲《かぶと》人形売」と記されている。そこで幕府は、年々派手になる民間の雛祭りに対し、贅沢を禁止するお触れ、いわゆる奢侈《しゃし》禁止令をたびたび出すまでになる。

節句飾りや人形に関する禁令をたどってみると、慶安元年（一六四八）の五月節句の甲からはじまり、雛道具、続いて人形芝居のあやつり人形・山車《だし》人形などへ対象をひろげる。慶安二年（一六四九）二月二日「一、如前々、ひいな之道具ニ蒔絵并金銀之箔付結構仕間敷事、上り候ひゐなの道具ニハ格別之事」（『江戸町触集成』二四）をはじめとして、寛文八年（一六六八）、元禄一七年（一七〇四）と、雛道具に関する禁令も頻出する。だが雛人形に触れたものは意外と遅く、慶安元年から五六年後の元禄一七年が最も古い。この時「はま弓」「菖蒲甲」「雛道具」とともに、ようやく「束帯《そくたい》のひな」の華美を戒める禁令が確認される（同書三八五六）。そして享保六年（一七二一）七月には、江戸時代を通じて基本となる、雛人形の高さなどを制限する町触れがでる（同書五七五〇）。

一雛八寸より上可為無用、近年結構成雛段々有之候間、次第を追而軽く可仕候事

一同諸道具　梨子地ハ勿論、蒔絵ニ無用可仕候、上之道具たり共黒塗ニ可仕候、金銀之金物可為無用事

つまり、①雛やそれとともに飾る人形は八寸（約二四センチ）以上の大きさはいけない、②雛道具も贅沢な蒔絵など、手の込んだものをつくってはいけない、というのだ。この二つがほぼ基本になり、享保二〇年（一七三五）、宝暦九年（一七五九）をはじめ、江戸時代を通じて同じような内容の禁令が繰り返しだされる。

では今日のような雛祭り、つまり民間で①三月三日に、②「雛遊び」ではなく「雛祭り」が、③女子の誕生を祝う行事になる、のはいつごろなのだろうか。有坂与太郎は『骨董集』等の検証をさらに発展させ、俳諧歳時記の春の季語に雛遊びが取り上げられる時期、および上巳に雛を詠んだ句が現れる過程をつぶさに調査している。

例えば、寛永一〇年（一六三三）『犬子集』にはみられないが、八年後の寛永一八年『俳諧初学抄』は、「雛遊び」を三月三日に加えている。また慶安元年（一六四八）『山井』は春時に「ひいな遊び」を採録し

ながら、『増山井』は雑にするなど、各書の扱いは一定していない。さらに上巳の雛を題材として詠まれた句になると、寛文（一六六一〜七三）まではみあたらず、延宝（一六七三〜八一）に入ってからようやく確認できる。それでもその三〇年ほど前の慶安二年には、すでに前述の町触がだされているので、民間の一部では上巳に派手な雛遊びがおこなわれていたことはわかる。

このように考えると、一七世紀中頃をすぎた延宝以降になり、町で①三月三日に、雛遊びが一般的になるのではないか（有坂一九四三：91頁）。つまり宮中や上層の武家の間でおこなわれていた雛遊びは、幕藩体制が安定し、太平の時代をむかえる五代将軍綱吉時代の前後に、広く民間に浸透しはじめる。しかし「雛祭り」という語が定着し、娘の誕生を祝う行事になるのは、もう少し後のことだ。

「雛祭り」の語の定着

②の「雛遊び」から「雛祭り」という語の変化をみてみよう。「雛祭」の表記が確認されるのは、一八世紀に入ってからだ。正徳三年（一七一三）『滑稽雑談』巻之五に「雛祭」とあるのをはじめ、享保二年（一七一七）『世間娘容気《かたぎ》』三之巻で「雛祭すれど女雛の分は首をぬき」という記述があるように、少なくとも享保以前に「雛祭」という語が現れたことがわかる。ただしそれでも「雛遊」のほうが主流で、「雛祭」が大勢をしめるのは、宝暦・明和頃（一七五一〜七二）だ。それを裏書きするものとして宝暦九年（一七五九）『靫《うつぼ》随筆』に、「雛祭」の語を使用した四つの句が掲載され、以後大勢を占める（有坂一九四三：91、103〜104頁）。

③の女子の誕生を祝う行事として雛祭りが描かれるのは、八代将軍吉宗の晩年の寛保二年（一七四二）『絵本和泉川』である〈註〉。同書では、乳飲み子を抱いた母親の傍らで雛遊びをする娘たちが描かれ、その絵の上段に、次のような文章が記されている【図4】。

【図4】『絵本和泉川』に描かれた「雛遊び」。

娘の子はかり／四五人／産つゞきて／今度はよもやと／幟の下ぢたく／する内／又此度もと／にが笑ひして／雛棚の張出／するハさたの／ない事

ここから生まれた女の子のために、雛を飾る場所をひろげようとしていることが読み取れる。

民間では一七世紀中頃をすぎたあたりから「雛遊び」は三月の節句行事となりはじめ、一八世紀頃を境に雛道具を中心とした「雛遊び」から、雛人形を飾り楽しむことを目的とした人形祭りの要素を強める。そして一八世紀中頃には、「雛祭り」という語が定着し、女子の誕生を祝う行事になり、名実ともに現在のような形を整えるようだ。

〈註〉山田徳兵衛『新編日本人形史』（一九六一：118頁）は、延享五年（一七四八）『絵本十寸鏡』をあげるが、紹介された図版は『絵本和泉川』である。

二　雛人形の登場　元禄頃から宝暦頃まで

立雛から内裏雛（坐雛）へ

▼10頁

おおよその製作年代を遡れる雛人形の実物資料は、最古に近いものでも、今から二五〇年ほど前の一八世紀中頃だ。それ以前のものは版本に描かれた絵などに頼るしかないが、そうすると一八世紀の初め前後、すなわち元禄（一六八八〜一七〇四）頃からの雛飾りや雛人形の姿をわずかだがのぞくことはできる。そこで雛祭りが確立される宝暦・明和頃までの様子を、実物資料と重ね合わせながら、できるだけ実証的にみてみたい。

雛の形式には大別して立雛と坐雛（内裏雛）がある。ちなみに「内裏雛」という語は当時からの呼称であり、延宝四年（一六七六）『俳諧当世男』春部上巳に「七寸の屛風やけふの内裏雛」をはじめ、その二年後の芭蕉の有名な「内裏雛人形天皇の御宇《ぎょう》とかや」（『俳諧江戸広小路』）、井原西鶴『本朝二十不孝』などにみられる。したがって本書では、とりあえず坐った姿の雛を内裏雛と表記することにしたい。

【図5】元禄年間（1688〜1704）『俳諧童子教』では立雛二対と茶碗のような道具が飾られている。

【図6】貞享5年（1688）『日本歳時記』では立雛と内裏雛が並んで飾られている。

立雛は衣裳が紙でつくられていることから、紙雛と呼ばれることもある。男雛は手を左右に開き、神社のお祓いに使われるヒトガタのような姿をしている。人の立ち姿をかたどっているので、屏風や雛段に立てかける以外に雛本体を立たせることができない。立雛が、坐った形の内裏雛より古いことは10頁でも触れたが、貞享四年（一六八七）『女用訓蒙図彙《きんもうずい》』に雛として立雛だけが描かれているので、このころは立雛の方が一般によく知られていたのかもしれない。やがて雛飾りが盛んになると、飾りやすく安定のよい姿の坐雛、いわゆる内裏雛が中心になる。

貞享五年『日本歳時記』や元禄年間の『俳諧童子教《どうじきょう》』『大和耕作絵抄』をみるかぎり、この時代の人形は立雛と内裏雛だけのことが多い。『俳諧童子教』をみると立雛二対が、雛道具とはいっても茶碗のようなものだけの素朴さで、床の間か押入れらしいところに飾られている【前頁図5】。裕福な家の雛飾りを描いたと思われる『大和耕作絵抄』では、内裏雛が二対、そして雛の前にそれぞれ膳を供え、雛段はなく、広い低い台の上に飾っているが、今日のような小さなものではなく、大ぶりにするのが江戸時代の人々の好み（山田一九六一：１２３～１２５頁）のようだ。

立雛と内裏雛が並んで飾られている『日本歳時記』の絵は、草創期の雛飾りの姿を伝えている【図6】。前述の享保二年『世間娘容気』も両者が対等に飾られているので、このころまでは雛遊びの伝統は生きていて、立雛も重視されていた。もっとも宝永五年（一七〇八）『塩尻』巻二九には、「今京にてはひゐな立る事さのみ多からず侍る。難波東都のごときは殊に驕りて、さまざま夫れならぬ人形まで立つらね侍る」とある。京都では雛を飾る風習が少ない、というのは立雛をさしているのだろうか。また「夫《そ》れならぬ人形」とは大坂・江戸では立雛ではなく内裏雛を飾るのか（有坂一九四三：１６３頁）、雛祭りに関係のない人形を飾ることが流行した（山田一九六一：１４３頁）のか、なんとも言えない。少なくとも享保頃から雛飾りがさかんになり、次第にそれを意識した内裏雛が主流になりつつあったことだけは確かだ。

寛永雛と享保雛 ▼12〜17頁

公家・武家と町家では、内裏雛の好みに違いがあったようだ。次郎左衛門雛は、将軍家や諸侯に年々納められ、「雛の本流として、上級の武家や伝統を重んずる公家などでは、この雛は長く重んじられ、一般的な流行とは関係なく、作り続けられ」（北村一九六七：48頁）た。また公家の衣裳を忠実に再現した有職雛は、公家に愛用された雛である。これらは上層の人々の雛といえるだろう。また町の人々が好んだものに寛永雛・享保雛がある。

もっとも次郎左衛門雛と古今雛以外の呼称は、明治の好事家《こうずか》が名づけ、大正四年（一九一五）の西澤笛畝《にしざわてきほ》『雛百種』あたりから固定されたものだ。まことしやかに時代の呼称をつけているが、それはその時代につくられたことを意味しているのではなく、一つのスタイルに対して与えられたものにすぎない。

例えば、寛永雛は、『筠庭雑考《いんていざっこう》』に春日局《かすがのつぼね》の所用の寛永頃の雛として、三寸五分ばかりの大きさで冠と頭を一緒につくり、首は木彫で、女雛は下直《げじき》の（値の安い）雛に似て袖をひろげた雛を紹介している。また『嬉遊笑覧』巻六下には「江戸雛と称するものは享保已後の製なるべし」とある。そこから寛永雛・享保雛という名称が現れるのだろうか。「もっと適当な名をつければよさそうなものに、まぎらわしく、人迷惑な限り」だが、では「どのような名をつければ的確なのか」わからない。また「勝手な名前をつければ、よけい混乱をまねくだけ」なので、今は「従来の呼び名にしたがって」おくしかないだろう。ただし人形の時代的な流れは、ほぼその時代の名称の順になると考えられる

（北村一九六七：44頁）。

内裏雛の一番古い形式としては『骨董集』に紹介された「室町家の比《ころ》の雛図」、いわゆる室町雛があげられる【図7】。男雛は袖を巻き込むようにつくられ、女雛は袖を左右に張り、手を横にひろげた形につくられている。立雛の男雛は袖を左右に張ったような格好をしているので、立雛と非常に近い関係にあったことが想像できる。この雛の特徴は頭が丸く、引《ひ》き目《め》・鉤鼻《かぎはな》の、いわゆる次郎左衛門頭《がしら》と呼ばれているものであることだ。

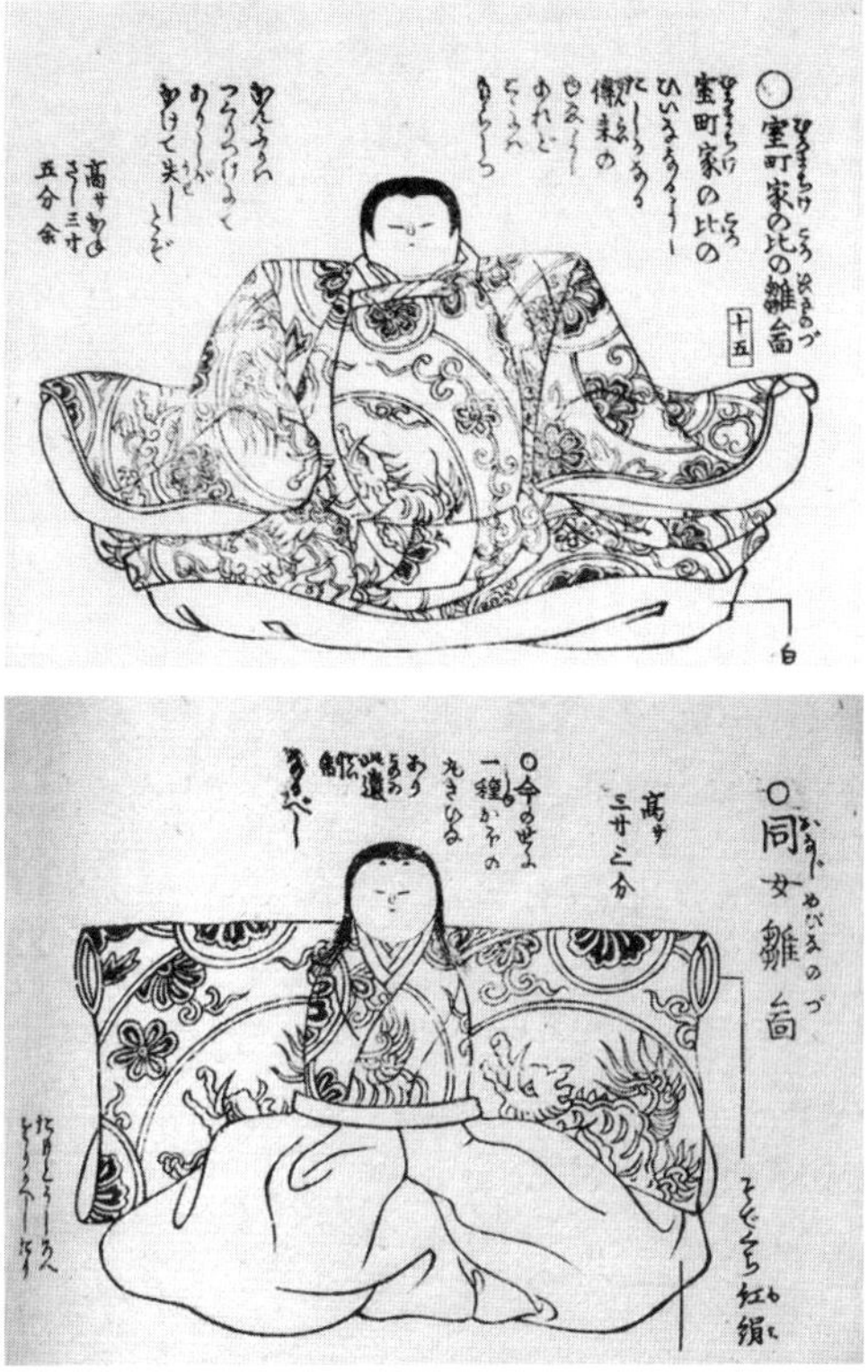

【図7】『骨董集』所収の「室町家の比の雛図」に描かれた「室町雛」の男雛と女雛。

また寛永雛と通称されるものは、頭は長顔だが、女雛は室町雛のように袖を左右に開き、手がない。男雛は冠と頭を一緒につくり、髪を植えつけていないなどの特徴がある。女雛の装束は小袖に袴姿で、袴の中に綿を入れて、厚くふくらましている。享保年間の西川祐信『絵本大和童』『女風俗玉鏡』、延享五年（一七四八）『絵本十寸鏡《ますかがみ》』などに、このような雛が描かれている【図8】。京都の町家あたりで、はじめに流行した雛なのだろう。

この流れを汲むのがいわゆる享保雛で、新旧二様のものがある。古いほうは、頭の作りも寛永雛に近く、目や口の盛り上げはごくわずかだが、女雛にも手が添えられている（古式享保雛）。また新式の方は、装束も古式より立派になり、目の切れも深く、髪も植え、口も少し開いた感じで、伏し目がちな目元につくっている。このスタイルの雛は

【図8】『絵本十寸鏡』に寛永雛らしきものがみえる。

江戸時代を通じてつくられたが、古今雛の流行とともに衰退したらしく、中央よりも地方に享保雛が残存していることが多い。特に関東近県を中心につくられる地方の雛の中には、近年まで享保雛の名残がみられることからも、これが古今雛より古いことがわかる。

したがって、「一般家庭に用いられたいわゆる町雛の頭は総じて（寛永雛・享保雛の）長顔系」であり、丸顔と長顔の二系統はかなり古くからあったと思われる（北村一九六七：49〜50頁）。しかし、雛人形の大半は収集家の恣意的な分類を踏襲したものが多く、実証的に明らかにされたものは少ない。

そこで伝承や由来が確かめられる、一八世紀中頃まで遡ることのできる丸顔と長顔の系統の雛と、公家が生み出した独自の雛の世界を確認しよう。

◆三 雛の本流と町の雛　次郎左衛門雛と古式享保雛

光照院と加賀前田家の次郎左衛門雛　▼18〜19／30〜31頁

曇華院《どんげいん》と東京国立博物館所蔵【▼18頁】、および光照院の次郎左衛門雛【▼30頁】は、女雛の両手の形などが、室町雛からの移行期をしめしている。前二者は、両手をひろげていないという差はあるが、あとはきわめて似ていて「手足をつけないのもその一つ」で、「小袖に袴という女雛の装束の様子も同じ」だ。ひろげていた袖を「胸前にもってきて、一層安定した、また格好のよいものにした」と言える。

これに対して京都の尼門跡《あまもんぜき》寺院光照院所蔵の「次郎左衛門雛一対」は、「装束も一応整った、束帯《そくたい》・裳唐衣《もからぎぬ》の体」で「頭の出来も前者二つに比べて、よほど上等」だが、「なお手足を具えていない点、袖を巻き込むようにしているところなどは、やはり共通して」いる。つまり光照院の雛は、次郎左衛門雛の最も古いものとみることができる（北村一九六七：47〜48頁）。これは享保一五年（一七三〇）生まれの浄明心院宮《じょうみょうしんいんのみや》（中御門天皇皇女亀宮）の御料と推定されている（切畑一九七三）。元文五年（一七四〇）一一歳で入寺されているので、それ以前のものである可能性が高い。宝暦以前、つまり一八世紀前半の人形であることが確認できる、貴重な作例だ。

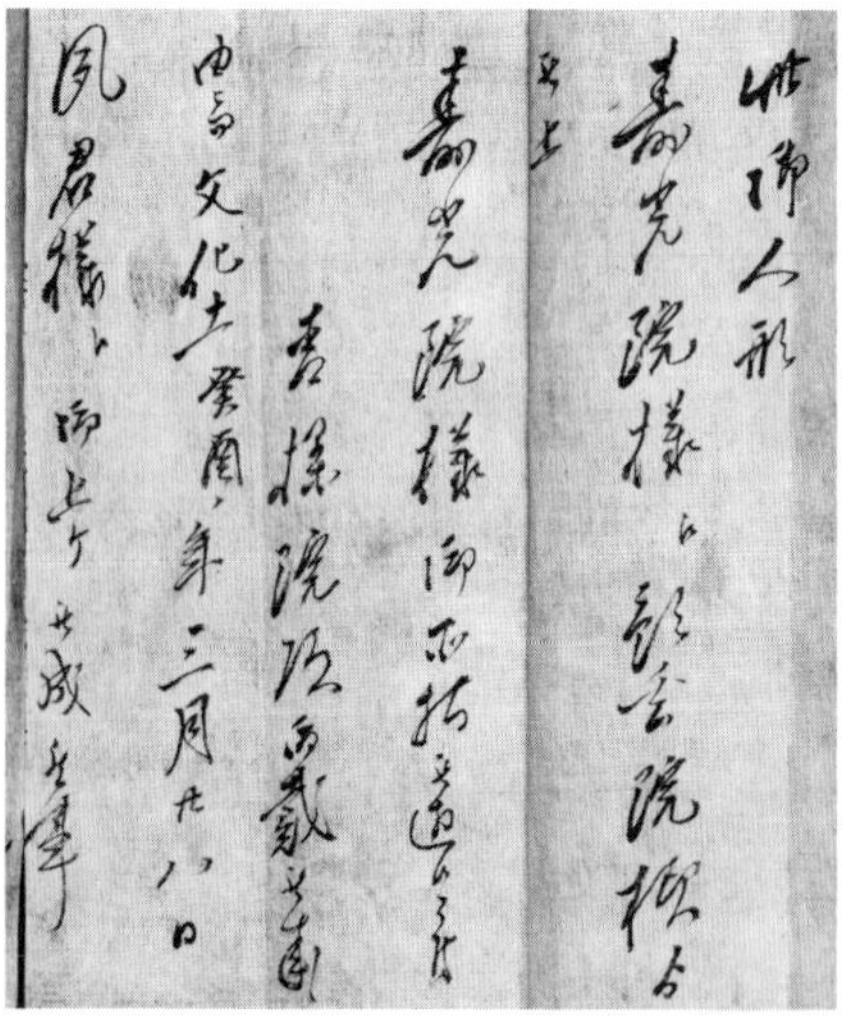

【図9】加賀前田家の次郎左衛門雛に添う由来書。

一方武家側では、加賀前田家の次郎左衛門雛（成巽閣《せいそんかく》所蔵）【▼31頁】が、確かな来歴が残されている最古の雛人形であろう。その由来書には、

此御人形／壽光院様ヱ預玄院様ヨリ／被上／壽光院様御所持被遊候ニ付／青操院様御戴被成候／由ニテ　文化一一年癸酉年三月廿八日／夙君様（真龍院）ヱ御上ケ被成候事

と記されている【図9】。

預玄院は五代藩主綱紀公の側室で、寛文八年（一六六八）に生まれ、

明和二年（一七六五）に九八歳で亡くなっている。藩臣三田村定の長女で、六代藩主吉徳公の生母だ。同雛は預玄院から十代藩主正室壽光院（一七四五〜一八〇二）に贈られたという。壽光院は和歌山城主徳川宗将の長女で、宝暦一一年（一七六一）一一月に来嫁する。大名家などでは誕生ばかりか、新妻の初節句に雛を贈る例がみられ、加賀家では文化五年（一八〇八）に十二代齋廣《なりなが》公が、正室隆子君（真龍院）の嫁入り後初節句に次郎左衛門雛【▼19頁】を贈っている。

31頁の雛は七代から九代まで世継ぎが早世するなど、いわゆる加賀騒動でゆれる前田家がようやく安定した時期に嫁入りした壽光院に預玄院から贈られたものらしい。そして壽光院から十二代齋廣の生母青操院へ、そして十二代の正室真龍院へと、前田家の要となる女性に代々譲り継がれた。

壽光院に贈られた雛は高さ四四センチもある大きさで、手足がつけられており完成度も高い。光照院のものにくらべ、衣装・形態ともに現在のいわゆる次郎左衛門雛の形を整えている。一八世紀中期、宝暦の頃に雛人形の基本的な形が誕生したことを、前田家の次郎左衛門雛は伝えている。そしてこのころから雛屋次郎左衛門が記録に現れる（後述）という意味でも示唆的だ。門跡尼寺光照院〈公家〉と加賀前田家〈武家〉に伝わる二つの次郎左衛門雛は、日本における雛人形の誕生の過程を物語る貴重な逸品である。

上田田口家の古式享保雛 ▼14頁

一方、町雛としては、信州上田市の旧家田口家の享保雛が興味深い。これは、一四センチ前後の比較的小さな雛だが、洗練された容姿からみて、地方でつくられたいわゆる「田舎雛」とは趣を異にする。しかも、頭と冠は共作りであることなどから、いわゆる享保雛よりも一時代古い形式の古式享保雛であると判断した。

『原町問屋日記』（上田市立博物館寄託）は、「上田城下町のうち、原町の問屋を勤めた滝沢家代々の当主が書き綴った職務日誌」だが、宝永八年（正徳元年、一七一一）に柳町の平蔵・平八、さらに正徳五年（一七一五）には原町の段七が、上巳の節句を前に江戸まで雛の仕入れに出かけていることが記されている【▼55頁】。つまり雛人形の贅沢を戒める初の禁令（元禄一七年）からわずか数年後に、柳町の平八たちは「江戸浅草松坂や喜右衛門へひな調ニ」に出かけている。上田市立博物館のスタッフによれば、柳町は商人が集まる城下町であり、「調《ととのえ》」という記述からみて、商売のために雛を仕入れに行ったと判断して差し支えがないという。上田地方でもこのころから雛の需要があったことがわかる。

ちなみに「松坂屋喜右衛門」は浅草茅町の雛仲間一番組（仕入れ問屋）の大店《おおだな》だ。京の江戸店である柏屋・唐木屋・松葉屋とは異なり、江戸居付《いつき》の店である。業界の記録では、一番古い宝暦九年（一七五九）から現れ、文政七年（一八二四）の『江戸買物独《ひとり》案内』まで記録がある。同店がそれを遡る宝永八年から確認されることも興味深い。

では、平八たちが江戸に仕入れに行ったのは、どのような雛だったのか。当時は古今雛が現れる前であり、江戸で雛を誂《あつら》えるとしても、京からの下《くだ》り雛であった可能性が高い。年代的には、元禄三年（一六九〇）『人倫訓蒙図彙』の雛師の挿絵が近いが、当時江戸で売られていた雛を推測する何らかの手がかりを、田口家の古式享保雛は暗

【図10】田口家古式享保雛の商標。上部に「七」、下部に鍵印が読める。

示している。

田口家（栃木屋石右衛門）は、現当主で十二代を数える旧家で、かつて紺屋（染物屋）を営んでいた。元和八年（一六二二）仙石氏の入封と共に小諸《こもろ》から上田に移った商家という伝承がある。元上田市立博物館館長寺島隆史氏によれば、同家の位牌は元禄時代のもので、宝永八年には確かに存在していた家だという。しかも、同家の女雛の底部に鍵印の商標が残っている【図10】。『江戸買物独案内』に掲載された「松坂屋喜右衛門」の商標も、これと類似している。これは同店で調整された雛かもしれない。ただし商標に「七」の字がみられることから、江戸十軒店《じっけんだな》の大店唐木屋七兵衛製（唐木屋の商標は不明だが）という可能性も捨てきれない。

現段階では、田口家の雛を松坂屋製と断定することはできないが、少なくとも一八世紀の初め頃に江戸の問屋で購入された雛人形の可能性が高い、ということだけは言えるであろう。町家の雛を考える上で、基準となる資料であろう。

四　有職雛　雅な雛遊びの伝統

武家風俗の浸透と公家の矜持

雛祭りが確立する一八世紀中頃は、公家と武家の習俗が交り合い、京と江戸でそれぞれ独自の雛文化が形を整える時期でもあった。

和漢の文献を闊歩した考証随筆として有名な大塚嘉樹《よしき》（蒼梧《そうご》）の『蒼梧随筆』は、一八世紀中頃をすぎたあたりの京都の五月の節句飾りが、次第に武家風を帯びていく様子を伝えている。大塚（一七三一～一八〇三）は江戸で生まれ、京都で学問の修業をした人で、のちに江戸に帰り有職故実を教授した東西の風俗をよく知る人物だ。

天明四年（一七八四）五月五日の項で、「男児ある家々」が幟《のぼり》や甲《かぶと》を「門庭に飾り建てる」風習は全国各地へもひろがっている。京都の武家は江戸風にならうが、基本的に「公家々々は幟立ること」はない。これは「関東の風俗」だからだ。しかし、公家でも武家と縁戚関係のある家は「兜人形の類を小庭に飾」るところもあり、「内々は幟を」建てることさえあると、関東風が武家ばかりか、公家社会にまで浸透をはじめていた様子を記している。それは同じ節句飾りである雛祭りにもあてはまるだろう。

少なくとも一八世紀中頃には、江戸で上層の武家の風習が次第に中下層、そして庶民層に降りてくるばかりか、伝統文化の地京都の公家社会にまで浸透しはじめる。公家がいくら「俗の習慣であるから自分はこのことに関与しない」などと言ってみたところで、結局公家仲間の義理も果たさなければならなかった（宍戸一九九八：18頁）。

つまり江戸幕府により朝廷・公家の婚姻政策がおこなわれ、武家と公家との結びつきが強くなるに従い、武家と縁戚関係のある家は内々にそれにならわざるをえない。そして次第に上巳の節句と融合した武家風の雛遊びがおこなわれるようになり、公家の日常生活の中にも浸透するのだ。

しかし、それでも武家・公家に公式に重用された次郎左衛門雛とは別の系譜をもつ、公家ならではの有職雛を彼らは創り出してしまう。それは公家の矜持ともよぶべきものが生み出した雛かもしれない。そして有職雛もやはり宝暦（一七五一〜六四）、つまり一八世紀中頃から確認されるのである。

公家風有職雛の誕生 ▼20〜21／32〜40頁

有職《ゆうそく》雛は、髪型から衣裳の形式、その色柄・織りまで、公家礼式の忠実な再現となっている。公家の衣裳は、位階・年齢や季節によっても異なるために、さまざまな装束があり、また着せ替えができる人形も残されている。

桜井秀は『野宮定晴卿記《ののみやさだはるきょうき》』宝暦八年（一七五八）二月一〇日の次のような記述を紹介している。（但し左の引用は宍戸一九九八：20頁）

…其後向山科亭、厳君同断、尤此黄門（山科中納言頼言卿）、此度依殿下（関白近衛内前）命調進雛為見物候赴也、其躰束帯、布袴、衣冠、小直衣、女房装此有差別、以上人形八、装束皆如大人無相違、只小耳従、女房丸額作様其様注別紙

野宮定晴は、山科《やましな》家が今度殿下の命を受けて調進する束帯、布袴《ほうこ》、衣冠《いかん》、小直衣《このうし》の男雛四体、それぞれ女雛を加えて計八体の人形を見物に行き、その装束の正確なのに驚く。それらは小さくつくられているだけで、実際の大人のものと変わりがなかった、という。これは宝暦頃から有職の雛がつくられはじめたという基本文献であり、「有職雛」を語るとき必ず引き合いにだされる記録だ。

引用部の最後に「女房丸額《まるびたい》作り様、其様は別紙に注す」と書かれているが、宮内庁書陵部蔵の自筆原本には別紙がない。ところが定晴の父の『定基卿記』に「頼言卿山科調進雛色目」という、定基の筆跡とは異なる、定晴の筆写とみえる記録がある。そこには雛の装束四種のうち夏物が三種も用意されている。つまり三月ばかりではなく、雛を一年中飾り置いていたことが考えられる（宍戸一九九八：20〜21頁）のだ。

それは武家風に取り込まれたとはいっても、連綿と続く御所の雛遊びが形となった雛人形であり、寛永雛・享保雛などの町の雛とは異なる独自の系譜をもつ雛といってもいいだろう。端正な公家顔をはじめ、その容姿から醸し出される気品は、「典雅」という言葉がふさわしい。三月三日の節句のためだけの雛人形ではない。悠久の時が、雅びな京の雛遊びと子どもの健やかな成長を願う想いに溶け合い、混じりあって、生まれた雛だろう。

もっとも雛祭りに武家風が浸透したとはいっても、それは公家社会でのこと。前述の『蒼梧随筆』は、町方は人形や薙刀《なぎなた》の類などは飾るが、「未だ幟は建る事」はない、と記している。京の庶民の間まで江戸風の節句飾りが流行するのはもっと遅く、江戸の雛祭りが円熟期を迎える文化文政期頃だろう。

三　京から江戸へ

京風次郎左衛門雛の流行

◆一　雛屋次郎左衛門の江戸店

宝暦の禁令と江戸店の進出

一八世紀に入り雛人形の華美が禁令の対象になったとはいっても、当時の庶民の雛飾りは、まだまだ質素であり、その主役の人形も京都製の、いわゆる「京雛」であったらしい。宝暦頃までは、雛人形の製作者も京都にかたよっていたことは、ほとんど同時期に江戸と京で上梓された『京羽二重《はぶたえ》』（一六八五年）、『増補江戸総鹿子《そうかのこ》名所大全』（一六九〇年）等の比較から推測できる（有坂一九四三：96〜97頁）。それが庶民の間で派手になるのは、いわゆる田沼時代に入った一八世紀後半だが、それを可能にしたのは、江戸の雛製作技術の進歩であり、そのきっかけとなる事件が、宝暦九年（一七五九）の町触れをめぐる騒動であった。

宝暦九年閏《うるう》七月に「享保六年の町触れ」（▼95頁参照）が再びだされ、八寸以上の大きさや贅沢な雛や雛道具などを今年中に売り払うように、奉行所から命令が下る（『江戸町触集成』七三二四）。この事実は、江戸から京都側の業者にいちはやく知らされたらしく、同年八月九日付の京都からの返書の写しが残っている。それによれば、江戸で販売するために京都でつくる雛や雛道具は、お触れに従って製作し、組合、組合外にかかわらず違反する商品の注文はうけない、という約束（『御触書写・細工方願書写』）を伝えている。

それでも一一月に江戸の雛仲間は、すでに京都の問屋などに来春の仕入れをすませており、雛は際物《きわもの》（その時期の間際だけに売れる商品）なので、どうか翌年三月の節句前まで販売することを許してほしい、という嘆願書をだしている（『雛仲間公用帳』）。京都側にはいちはやく禁令の出た旨を伝え、来春の商品を制限しながら、一方でこのような嘆願をすることは解《げ》せないが、これは去年の在庫を処分するための方便であろう。商人のしたたかさが伝わってくる内容だ。

それはともかく、翌宝暦一〇年三月にだされたと思われる手紙（『雛仲間公用帳』）では、江戸やその近辺まで「雛人形」をはじめとする人形類が、近年数多く京都から流入していることに迷惑した江戸の雛仲間が、京都の同業者に苦情を申し入れる。これに対して京都側は、職人の数が多く、急に差し止めることはできないが、仲間とも相談し、「人形職方」へも注意し、あまり江戸に下らないよう努力する。こちらも「難儀」している（困っている）のだ、という旨の返事している。

一七世紀後半の江戸では、「衣類や家具、小間物」など付加価値が高いものは「京・大阪・東海地方」からの「下《くだ》り商品」に頼っていた。これは雛人形も同じであろう。「下り商品」には問屋を通さない打越荷・抜荷が多く、都市の需要がふえても問屋の利益は減少するという傾向があった（林二〇〇一：46、136頁）。手紙はそれを防止するための申し入れかもしれない。

だが時期や内容から推測するかぎり、江戸側が京都側に苦情を申し入れた理由は、京から送られてくる雛の完成品や頭・手足などの部品には、ご禁制の八寸以上の大きさや華美な高級品、あるいはそれに近いものが多かった、と理解したい。つまり、京から江戸へ下る、いわゆる「京雛」の多くはお触れに抵触しかねないものであり、それが出まわっていることが、江戸の雛仲間には「迷惑」であり、ひいては京都側も江戸の市場を失うことにもなり、「難儀」していたのであろう。

また『武鑑《ぶかん》』（江戸時代に民間の本屋が刊行した大名・幕府役人の名鑑）には、御人形師として宝永四年（一七〇七）「井筒屋小左衛門」、元文六年（一七四一）「鎰《かぎ》（鍵）屋吉衛門」などの名がみられ、宝暦に入り「雛屋次郎左衛門」も登場する。鎰屋・雛屋は幕末まで継続するが、両者とも京都の出身であり、ここから京の人形師の技術水準の高さをうかがうことができる。

ではなぜ享保ではなく、宝暦の禁令なのだろう。おそらくそのころ、一部の富裕層だけではなく、庶民にまで派手な雛飾りをする風習がひろがり、江戸の雛人形の需要が飛躍的に高まったのではないか。これにより京都からの仕入れを極力排し、製品も扱わないよう一時的に業者間で自粛をした結果、京雛に変わる雛を江戸で製作する必要が生まれる。そして、京都側も一大消費都市である江戸の市場を確保する必要に迫られ、菱屋（雛屋）をはじめ、京都の人形屋の江戸店づくりを促進させた、と推測される（有坂一九四三：139～142頁）。その成否はともかく、「室町二丁目　雛屋次郎左衛門」が『武鑑』に登場するのは宝暦一一年（一七六一）〔出雲寺版〕からだ。【図11】

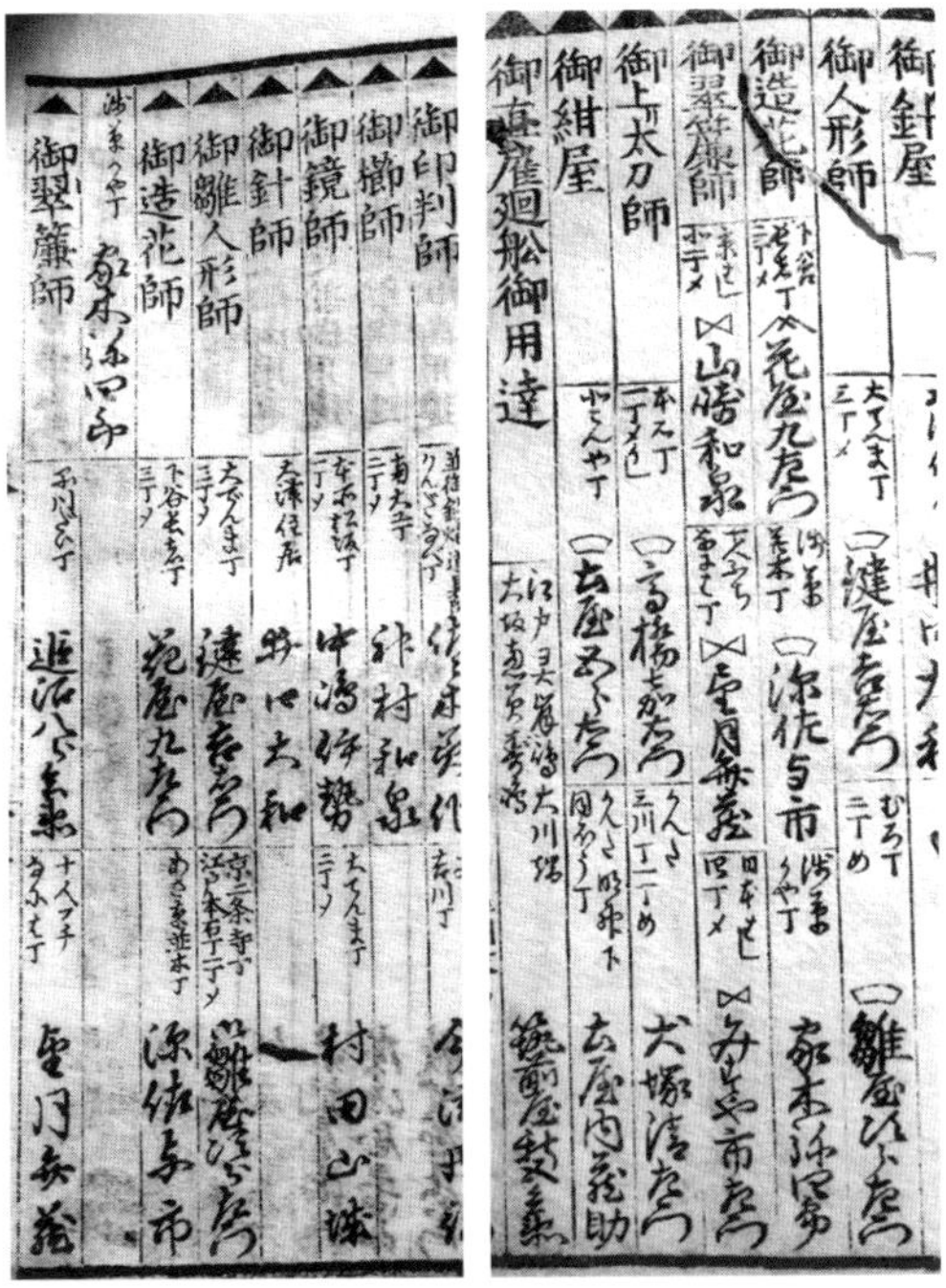

【図11】御（雛）人形師「鍵屋吉右衛門」と「雛屋次郎左衛門」の名が記された『武鑑［須原屋版］』の文化元・1804年版（写真右）と弘化4・1847年版（写真左）。

永徳斎は最後の次郎左衛門？

この推測は、江戸の雛屋次郎左衛門家最後の主人「永徳斎」の証言からも補強できる。明治一二年に東京府勧業課がおこなったアンケート調査『東京名工鑑』をみていると、意外な事実が明らかになった。明治期の東京の高級な人形を一手に扱っていた店「永徳斎」が、実は幕末の『武鑑』に登場する「雛屋次郎左衛門」その人であったというのだ【図11】。彼は自らの出自を次のように語っている。

先祖は京都の「雛屋立甫通称岡田次郎左衛門」といい、次郎左衛門雛の元祖である。寛永の年から徳川家の雛人形の御用をつとめ、たびたび京と江戸の間を往復していたが、「四代前」の次郎左衛門から本石町《ほんこくちょう》一丁目に江戸店を開いた。そして、徳川家をはじめ諸侯の雛人形づくりにたずさわり、「徳川家細工所ノ棟梁」を代々つとめてきた。

「永徳斎」本人は、幼い頃「前代次郎左衛門」に弟子入りし、二八歳のとき「養子」となり師家を継いだ。だが、明治維新をきっかけに元の姓にもどし、「山川永徳斎」と改称したという。

残念ながら『名工鑑』には、永徳斎の年齢が記されていない。だが、雑誌『人形人』（昭和一一年九月）の「人形系図（一）」に「初代永徳

斎　山川永徳前名雄七　明治四一年歿（七九）」と記されている。ここから逆算すると、初代は文政一二年（一八二六）生まれで、二八歳の頃は安政四年（一八五七）になる。幕末に江戸の雛屋を継ぎ、徳川幕府の崩壊とともに「徳川家細工所ノ棟梁」の職を失い、本姓の山川に復帰し、のちに「永徳斎」と名乗ったのであろう。以後、天皇家を中心に「専ラ宮内省ノ御用品ヲ製造」し、高級品を一手に引き受けていた。『武鑑』の宝暦一一年という年代は、彼より四代前に江戸店ができたという証言と矛盾しない。

◆二　江戸の次郎左衛門雛

流行遅れの次郎左衛門雛

とにかく一八世紀に入り京都の江戸店の進出が活発になると、江戸の雛人形も独自の展開をみせはじめる。江戸の町には、京風の次郎左衛門雛が明和・安永・天明にかけて流行するが、寛政の頃には京下りの新型の雛におされ時代遅れになった、とされる（山田一九四二：162～163頁）（有坂一九三一：46頁）。この推測の根拠の一つには、流行遅れの次郎左衛門雛が京人形に喧嘩をしかけ、雛道具たちにあしらわれる、寛政一〇年（一七九八）の「十軒店」という笑い話がある（『開巻百笑』上）。まずその内容を紹介しよう。

頃は二月末のある小道具屋でのこと。去年の売れ残りの雛が今年は早く売れるようにお神酒をあげて前祝いをしていると、酔っ払った善次（雛人形の工作者?）という雛が、次郎左衛門雛に語りかける。「なんと次郎左衛門おのしなどハむかしで《（出）》の安くない男だが近年の出来ぼし《（星）》めら《（等）》におし付られてうれ《（売）》ないとハごふはら《（業腹）》なことだ」。なるほど善次が言うとおりだと意気投合した二人は、もう十軒店に「下りめ」（京雛）らがでているだろうから叩き壊してやる、と大勢で雛店へ押し掛ける。

店で彼らが京雛たちともめている様子を盃台小重箸の雛道具がのぞき見て、「わるいやつらが来た、二三年あと、まへ店にいた次郎左衛門と善次だ」とひそひそ話している。このままでは始末に負えないので、雛道具は次郎左衛門たちをなだめてとりあえず店から連れ出し、機転をきかせ、酒の代わりに（雛を収納するときに使う虫除けの）樟脳《しょうのう》をふるまい退散させる、という話だ。

「昔出の安くない男」次郎左衛門雛は、庶民ではそれなりの価格のいわゆる売れ筋商品だったのだろう。しかし「近年の出来星」たちにおされて売れなくなった、つまり新型の雛に人気を奪われたことが読み取れる。また「まへ店」とは「前店出小屋」のことだろうか。これは雛市で賑わう両脇の店の大通りの中央にだされた露店、おもに古雛（昨年の売れ残りの古雛や雛道具）を扱う中店だ【▼120頁図16】。ここから、一世を風靡した次郎左衛門雛は、寛政の頃には売れ残りの古道具として扱われ、流行遅れの雛になったことが想像される。

『守貞謾稿』巻二六春時は、宝暦・明和頃に現れた次郎左衛門雛を古今雛とともに飾る家は多いが、もう流行《はや》らないので、そのうち無くなってしまうだろう、という見解を示している。たしかに「祖母次郎左、母突ッ張に、嫁古京《（古今）》」（『柳多留』一八三八～四〇?：一五四篇11丁）という川柳があるのをはじめ、江戸の庶民に「干店（露店）に鞍替した治郎左衛門雛という女房」（『浮世床』初編中）と侮蔑され、「すべらぎのお名におかしき次郎左ェ門」（『柳多留』一八〇七：四〇篇19丁）などとも揶《や》揄《ゆ》されるなど、次郎左衛門雛は江戸の庶民たちに軽くみられているようだ。

丸顔と面長（芋雛）、二つの次郎左衛門

ただしここでいう次郎左衛門雛を光照院や前田家の雛人形と同じも

のとみてはならない。それは現在の享保雛に近いものではないか。その理由は、現在の次郎左衛門雛の遺品は高級なものが多く、粗製のものは現存しない。いくら美に暗い町人といえども、あの次郎左衛門雛をみて、ここまで軽視するとは考えにくいからだ。しかも若干の疑問は残るが、『守貞謾稿』の「次郎左衛門雛図」に描かれている雛は、享保雛の特徴を具えているようにみえる。しかも下手な享保雛は目にするが、粗製の次郎左衛門雛は目にしない。したがって「次郎左衛門雛は所謂《いわゆる》享保雛のことで、庶民文学を理解するのにも現在いう所の高級な次郎左衛門雛を充ててはならない」と指摘される（笹岡一九九五：12、15頁）。

確かに守貞の図とともに、「男女トモニ膝甚高シ」という記述からも、（すでに指摘したように）享保雛に近い雛であったことが推測できる。しかも享保雛は中央より地方に多く、「安くない男」つまり高級なものもあるが、粗製の雛が関東近郊に多く残されている。そもそも幕府や公家の公式な雛と同じ形のものが、市井で売られていたとは考えられない。

ただしなぜ享保雛に近いものが次郎左衛門雛という名で江戸の町で売られていたのか、を説明しないかぎり、この仮説に説得力はないだろう。天明三年（一七八三）に上梓された『やない筥』初編には「きめのいゝ団子に目鼻次郎左つけ」という句があるように、同時期にも丸顔の次郎左衛門雛があり、同じ呼称で高級品が伝来している事実は動かしがたい。また昭和初期の人形研究家久保田米所《べいしょ》（米斎）は、次郎左衛門雛には丸顔と面長（芋雛）の二つがあったと語っている（久保田一九三六：109頁）。

> （次郎左衛門雛の）顔面が、細長き型であるのが特徴であるところより、俗に芋雛とも云ふたといふのが、通説となつてゐた。然るに近頃、京都にては、丸型の顔の雛をこそ、次郎左衛門雛といふなれとの説が現れたので、私は検討してみたところ、顔面の長いのも、丸いのも、共に次郎左衛門雛である事が判明した…

享保雛は、顔の形が里芋をむいたような面長《おもなが》なので、かつて芋雛とも呼ばれていた（宮沢一九一四：10頁）が、自分はそれを次郎左衛門雛と解釈していた。しかし、京都の風俗研究家吉川観方《よしかわかんぽう》が次郎左衛門雛は丸顔だと断言するので、調査をしたところ、どちらも次郎左衛門雛であることがわかった、というのだ。

したがって、次郎左衛門雛には高級な丸顔・庶民向けの面長の二種類があることを仮定し、それはなぜなのかを説明する必要があるだろう。ややこまかい議論になるが、古今雛が誕生する前に江戸の庶民に流行していた雛人形を考える上でも不可欠だ。

雛屋ブランドの雛の名前

次郎左衛門雛、古今雛の名称は江戸期からあるが、それがそのまま現在の雛の形を指しているとは限らない。繰り返すが明治の好事家たちが、後年雛人形の形式を分類するために命名したものだ。もともとこれらの名前は各店の商標のようなものではなかったのか。

例えば、明治四二年の古人形収集の好事家の集まりである「大供会」の記録には、清水晴風の次のような発言がある。「石町二丁目の雛屋

【図12】善野家の随身の箱内蓋に張られた商標。

は京から出たので次郎左衛門と称して居ります。一（十？）軒店の雛は周月（舟月？）の古今雛、唐木屋雛、次郎左衛門雛の三種類があります」（第二回大供会談話摘要『大供（六八）』大正六年）。

幕末には原舟月《しゅうげつ》の店で売り出す雛が古今雛、唐木屋で扱う雛が唐木屋雛、雛屋の雛が次郎左衛門雛と巷で通称されていたようだ。つまり次郎左衛門雛は、雛屋さんで売られている雛人形という意味にすぎない。おそらく雛屋が扱う雛には、上は将軍家の御用を司る高級品から庶民向けの町雛まで、雛屋オリジナルのさまざまな雛があったのではないか。

先に宝暦頃に雛屋の江戸店ができ、次郎左衛門雛が流行したらしい、と述べた。雛屋の江戸進出にともない庶民向けに売り出した新商品が、（庶民の雛の流れを汲む）顔面の長い芋雛の次郎左衛門雛だったのか。

前述の『開巻百笑』の、売れ残りの次郎左衛門雛が京雛に喧嘩をうるという話から、その次郎左衛門雛が京都製とは考えにくい。少なくとも雛屋が江戸で売り出した京風雛があり、それが一時期次郎左衛門雛という名で江戸の町に流行し、江戸製の雛として認識されていたことは確かである。やがて古今雛に追い落とされ、芋雛の次郎左衛門雛は「露店に鞍替え」（『浮世床』）し、揶揄され、忘れられていく。

幕府御用達の権威をもちつづけ幕末まで続いた家が、庶民相手の下手な雛まで江戸で売ったのか、という疑問（笹岡：一九九七）ももっともだが、栃木市の旧家善野家の雛飾り【▼48頁】の天保一一年（一八四〇）の随身《ずいじん》の箱内蓋に、「御用　京都三條通寺町西　御雛人形司　岡田次郎左衛門」の商標が添付されている【図12】のをみても、天保期の雛屋が御用達を看板にして手広く商売をしていたことがわかる。そして江戸時代後期、雛屋と称する店が複数あったことは、『組合入用帳』などからも確認できる（例えば安永七年には、雛屋彦四郎をはじめ三軒の雛屋が確認できる）。幕末の浮世絵歌川豊国（三代）「江戸名所百人美女」（吉徳資料室蔵）にも、いわゆる享保雛（芋雛）が描かれているなど、時代遅れと侮蔑されながら、享保雛は江戸でも一定の需要を保ち、売買されていたようだ。

そして明治から大正にかけて流行する雛人形ブームにより、公家や大名家伝来の高級な丸顔の逸品などが注目され、分類上の必要から当然のように、それらに次郎左衛門雛の名称が与えられる。そして面長の芋雛次郎左衛門雛は、享保雛の一つに分類された、と考えたい。したがって、宝暦・明和頃に江戸の町に流行したとされる京風次郎左衛門雛は、おそらく今日の享保雛に近いものだった、という前提にたち本書の解説をすすめよう。

謎の多い雛屋次郎左衛門

次郎左衛門雛は、京都の人形屋雛屋次郎左衛門がつくり始めたとされる人形だ。雛屋は幕府の御用をつとめて、江戸に屋敷を賜っていた。しかし雛屋次郎左衛門についてはは伝承と遺品が残るだけで、ほとんどわかっていない。山田徳兵衛が『京洛人形づくし』（一九三八年）で、昭和初期に同家十三代目と称する人を知人に紹介され、その際の聞き書きをもとに次郎左衛門家に伝わる十三代の系譜を紹介しているが、史料的な典拠に乏しく、これまでほとんど引用されていない。山田自身でさえ著書『新編日本人形史』でこれに触れていないほどだ。

京都の地誌などの人形所・人形屋の中に雛屋次郎左衛門の名はでてこない。雛屋は、江戸では幕府御用として立派な表店を開いていたが、京都では製作を主としていたのだろうか。久保田米所は、これによく似た名前として、延享二年（一七四五）『京羽二重』名職部に「装束雛所　一條通新町西へ入町　菱屋次郎左衛門」がみられる、これが次郎左衛門雛の作者ではないか、と推測している。さらに『守貞謾稿』は次郎左衛門雛を宝暦・明和頃とみているが、まさに慧眼《けいがん》であり、菱屋は雛師なので当時の人は菱屋を雛屋と呼び、野々口立圃《ののぐちりゅうほ》（江戸初期の俳人）の通称雛屋と混同された（次郎左衛門雛の創始者を雛屋（野々口）立圃とする説があった）のであろう（久保田一九三六：110頁）としている。

菱屋＝雛屋説はさておき、少なくとも雛屋次郎左衛門が確認できるのは一八世紀に入ってからだ。筆者は、雛屋次郎左衛門は享保以降に興った名工である（有坂一九四三：109頁）と考えたい。なぜなら雛祭りが確立期を迎えるのはこの時代であり、光照院、成巽閣等、伝来の確かな次郎左衛門雛は享保を遡れない。しかも、その人形としての形式が完成するのも、32～33頁の光照院と加賀前田家の例からもわかるように、宝暦頃と考えられるからである。

薬種問屋岡田家文書と次郎右衛門

近年、京都衣棚竹屋町で薬種問屋を営んでいた岡田家（屋号近江屋）文書をもとにした『近世商家の儀礼と贈答―京都岡田家の不祝儀・祝儀文書の検討―』（森田：二〇〇一）から、次郎左衛門家の実体が少し明らかになった。同書によれば、岡田家の初代傳次郎が薬種問屋を営むようになった経緯は不明だが、傳次郎は「三条に住む本家岡田次郎左衛門を頼って美濃大場村から京に上」り、「二代は町内の年寄役や御所の御車副役を勤め岡田隼人を名乗り、帯刀が許され、菊の紋のついた丸提灯・箱提灯・弓張提灯の使用も許されていた」。同家は幕末には衰退していたらしく、安政四年（一八五七）に本家岡田次郎左衛門に五百両を借りた借用状が残っている（森田二〇〇一：20頁）という。

この借用状は同書に（図3）として写真が掲載されているが、宛名は「近江屋次郎左衛門殿」になっている。寛政一一年（一七九九）には、本家の娘が寺村四郎左衛門（屋号柏屋）に嫁入りするなど、『雛仲間公用帳』にも登場し、三条寺町、日本橋室町に江戸店があった業界の有力店と婚姻関係を結んでいることも興味深い（森田二〇〇一：135頁）。『武鑑』には文政五年（一八二二）頃から雛屋次郎左衛門の住所が三条寺町と本石町一丁目と二つ表記され、天保七年（一八三六）には岡田次郎左衛門という記述が現れる。

そして先述のように、天保一一年（一八四〇）の善野家随身は「京都三條通寺町西　御雛人形司　岡田次郎左衛門」が製作している。このように考えると（森田自身は気が付いていないが）、ここで紹介された薬種問屋岡田家の本家岡田次郎左衛門は、雛屋次郎左衛門その人であるといえるだろう。

本家の次郎左衛門と初代傳次郎（一七六三～一八一一）は兄弟らしく、寛政九年（一七九七）ともに美濃の国で法事をおこなっている（森田二〇〇一：26頁）。また森田が作成した系図によれば、先代次郎左衛門は文化八年（一八一一）二月一七日四九歳で亡くなり、文化一三年に息子の次郎右衛門が当主を継ぎ、次郎左衛門を名のった。次の次郎左衛門もまた、次郎吉、次郎右衛門を名のり、寛政四年（一七九二）生まれだという（森田二〇〇一：75頁）。次郎左衛門を襲名する前は、代々次郎右衛門を名のることが同家の慣わしであったのだろうか。

雛屋の系譜の再検討

これをふまえて前述の山田徳兵衛の紹介した次郎左衛門家の系譜を検討すると、八代の死去は文政八年二月一七日四九歳。文化と文政が異なっている（誤記の可能性もなくはない）以外は、月日、年齢は一致している。また次の九代は天保一一年（一八四〇）に四九歳で亡くなったとされるが、岡田家文書では寛政四年生なので、逆算すると享年三八歳となり、一〇年ほどの隔たりが生まれる。ただし十一代は柏屋四郎左衛門家より入り、十二代を葬った京都常願寺は真宗大谷派末寺で上京区今出川上ルに現存するなど、あながち信用できない史料と断言することもできない。

また十三代が山田に語ったところによれば、初代は「元和六年後水尾天皇中宮東福門院御入内に付御用」を仰せ付けられた（山田一九三八：51頁）、とされる。次郎左衛門家が宮中・幕府の御用をつとめていたのは事実であり、すでにみたように秀忠の娘東福門院和子により、宮中で雛遊びが盛大に催されはじめたこともわかる。そうであればこの時代に宮中の御用を承る人形師が誕生し、のちに幕府の御用をつとめ、江戸と京を往復し、宝暦頃に江戸店を開いたことも説明がつく。

ここでは雛屋次郎左衛門家が、近江屋とも称し、記録の上では宝暦以降宮中と幕府の御用をつとめたこと。同家は丸顔の独特な様式の雛人形をつくり、宮中や将軍家をはじめとする諸侯に納めていたこと。そして一八世紀中頃から江戸に進出し、天保頃には一般にまで手広く雛を販売する店であったこと。これらの事実を確認することで、今後の研究の進展を待ちたい。

四　江戸の雛、古今雛の誕生

◆一　華美な雛飾り　宝暦・明和頃

一七世紀の終わりの『日本歳時記』にみられるように、床の間などの平たい場所に飾られていた雛【▼97頁図6】は、やがて広い台を設けてその上に雛や雛道具を並べるようになり、それを二段、三段にする家も現れる。宝暦年間とされる奥村政信画「雛祭姉妹」（MOA美術館所蔵）をみると、二段ばかりの雛段の中央に屏風を立て、それを背景にして内裏雛が飾られている。下段には立雛が立てかけられ、雛道具も置かれているが、まだ五人囃子などはみられない。

「雛段の数を多くするのは江戸あたり」の流行で、「安永前後には四段、五段にする家庭もあった」（山田一九六一：135頁）という。確かに安永九年（一七八〇）の黄表紙『浦島太郎二度目竜宮』（鳥居清長画、都立中央図書館加賀文庫所蔵）には四段ほどの賑やかな雛段に、五人囃子までも描かれている。雛段の数を多くすることは調度類を賑やかに並べることになるが、その一方で雛や調度を小さく製作する傾向を生む（山田一九六一：135頁）。江戸で雛段が高くなった理由の一つに、禁令の影響もあったのかもしれない。

寛政四年（一七九二）の『寛保延享江府風俗志《かんぽうえんきょうこうふふうぞくし》』は、宝暦・明和以前、

つまり一八世紀初めの元文・寛保・延享（一七三六〜四八）頃の回想だ。享保の末に生まれ、当時六〇歳前の著者（不詳）は、珍品高価なものを好み、金銭を尊ぶ、当時の風潮を嘆く。そして、自らの子ども時代の雛祭りを、次のように回想している。

三月雛まつりも、今の如く結構成内裏《だいり》びなは甚少き事なり、凡七八寸の二郎左衛門雛、本装束の大裏は町には甚稀なり、多は…蛤《はまぐり》貝の膳具抔にて、挽椀《ひきわん》持たる町人は、漸々指折て員る程の事也…赤毛氈《もうせん》抔は、余程富貴分限の人のひなに用ひし事也。

お金持ちはさておき、一般の町家には、まだ立派な雛は少なく、次郎左衛門雛や本装束の内裏雛などを飾る家はまれであったという。もともと庶民の雛の膳は「飯も汁もいまのように美麗なものをつかわず、蛤の貝に盛った」（『嬉遊笑覧』）だけのものらしい。挽椀とは、轆轤《ろくろ》で挽いた木製品のことだ。赤毛氈はおろか、このような雛道具でさえ普及していなかったという。

だが、これから二〇年後の明和に入ると、禁令は無視され、雛が大きくなり、本式をまねた雛道具が町に広まる。明和六年（一七六九）の中田主税竹翁軒『雑交苦口記《まぜこぜにがくちき》』巻之二は、次のように記している。

近年人の奢又愚昧に成たる証拠を見よ、…三月の雛も同じ…享保年中御法度仰出さるれ共近年用ひず、御禁制破れて、そろ〳〵大きく成りたり、雛などは女子の持遊びゆへ、いかにも、ちいさくじんぜう《(尋常)》に、かわゆらしくすべき事なるに、只大き成を勝にして、其上雛人形の諸道具悉く本手にして過分の金銀出る事をいとわず…むかしより雛の膳は白木に丹緑青を以絵をかき、椀は蛤貝也…然るに近年本膳二ノ膳、蝶足かけばん高蒔絵の三方…本手に拵へ…其外詞にも筆にも及ぬ事とも皆是奢りより始まる…

昔から雛の膳は白木、椀は蛤など素朴だったが、最近は本膳・二の膳・蝶足《ちょうあし》など本式をまねた雛道具が町に広まっている、と彼は嘆く。このころから次第に派手さを増し、本物の膳を縮小した上製の雛道具なども、町に流行するのだろうか。

ただし、竹翁軒は元禄一三年（一七〇〇）頃の生まれで、当時古希（七〇歳）を迎えた老人。先の『寛保延享江府風俗志』とともに、古老が世の中の贅沢さを苦々しく思う心が大げさな表現につながったのかもしれない。そこで、ほぼ同時代に記された『宴遊日記』をみてみよう。

著者柳沢信鴻《のぶとき》は、有名な柳沢吉保の孫であり、安永二年（一七七三）に五〇歳で隠居する。彼は、芝居見物、寺社詣、盛り場見物など悠々自適な老後を送る。その日常の詳細な記録が『宴遊日記』（柳沢文庫所蔵）だ。信鴻は三月の雛の時期には、毎年のように、家臣ともども自ら雛市にでかけ、町で新しい雛を買い求め、女性たちに与えている。そこには次のような記述がある。

天明三年（一七八三）三月四日　…渡辺早朝古今雛尺七寸討求来
…天明四年（一七八四）二月二七日　…穴沢を舟月方へ雛買に遣ハす…一尺雛買来る…

【図13】三段の雛段の上に内裏雛を飾り、魚をのせた台盤や酒を供えた質素な雛飾り。（「風流十二月三月」石川豊雅画　明和〜安永頃）

これをみると、町に一尺（約三〇センチ）はおろか一尺七寸（約五一センチ）もの大型の禁制の雛が、どうどうと売られていたことがわかる。『雛交苦口記』の記述は、あながち大げさとはいえない。またここに古今雛の名がみられるが、安永九年（一七六〇）を最後に、『宴遊日記』には次郎左衛門雛の名がみられないことも何か示唆的である。

これらのことを総合的に考えると、享保以降、すなわち一八世紀の初めの庶民の家では、江戸京坂ともに少し高めの台の上に目立つように内裏雛が飾られはじめ、雛人形も鑑賞性を強めたとはいえ、まだ質素なものが多かったようだ。享保二〇年、宝暦九年の禁令は、一部の富裕な町人層がおもな対象であったかもしれない。そして明和・安永にかけて、特に江戸では雛段も高くなり、派手な雛飾りが町に流行しはじめる。【図13】

華美な雛の流行は、大商人の力を利用して、積極的な政策を進めた田沼時代の遺物なのかもしれない。このころ禁制は無視され、八寸以上の大きく、派手な内裏雛や五人囃子、本式の道具をそのまま縮小したような雛道具が町にあふれていた。やがて江戸では独自の雛文化が確立されはじめる。それを象徴するものが古今雛の出現の過程に凝縮されている。

◆二 古今雛の通説とその再検討

古今雛の通説　▼22〜26頁

古今雛は山車《だし》人形の技術を応用し、目にガラスや水晶をはめ込み写実的に顔をつくり、女雛の袖口を金糸や色糸で刺繍をするなどの工夫をした、豪華な雛人形だ。それは江戸の町で流行した雛でありながら、大奥や武家の女たちにも身分を超えて珍重され、古今様式の京雛さえも生みだす。ただしさまざまな形に発展したため、その特徴を一言では表しにくい。今日では享保雛以降の町雛（もちろん内向きには大名家をはじめ武家などにも愛用されたが）の形を一括して古今雛と呼んでいる。現在の雛に最も近い雛人形であり、その創始者が原舟月《しゅうげつ》とされる。

これまで古今雛に関するおもな解説は、次のようなものであった。すなわち「京雛の次郎左衛門雛と相前後して登場した江戸産の雛人形である。明和（一七六四〜七二）頃、江戸上野池之端の雛人形問屋大槌屋半兵衛が、日本橋十軒店の人形師原舟月に頭《かしら》をつくらせて売り出したのが始まりで、次郎左衛門雛に代わって流行したとされる」。表現に若干の相違はあるが、その骨子はおおむね次の三点にしぼられている。

〔通説①〕京都風を脱した江戸雛（古今雛）が現れた時期は明和末頃。

〔通説②〕上野池之端大槌屋半兵衛が売り出したもの。
〔通説③〕古今雛を創作したのは十軒店の職人原舟月であった。

これはすべて有坂与太郎『雛祭新考』、あるいは山田徳兵衛『新編日本人形史』の記述をもとにしている。

この年代設定の根拠となるのが、寛政二年（一七九〇）の「雛市改め」に関する業界の記録『雛仲間公用帳』で、禁制の雛を扱ったという理由で取り調べをうけた大槌屋半兵衛が、奉行とのやりとりで、「およそ二〇年ほど前から古今雛を扱っていた」という証言だ。この時ともに拘引されたのが大槌屋抱えの「下職人舟月」であった。ここから古今雛の発売元が大槌屋とされる。

藤田順子（二〇〇〇：266～268頁）は、これらをまとめ、舟月を次のように紹介している。

> 明和（一七六四～七二）の頃、江戸池之端の大槌屋半兵衛が、舟月の雛を「古今雛」と名づけて、世に売り出した。現在でいうブランド品である……初代舟月にもお触れに背いた、つまり池之端半兵衛の依頼で八寸の雛を調整したかどで過料銭…を申し渡されたのである。このとき舟月は「本石町拾軒店九兵衛店細工人舟月」となっていて、まだ一軒の雛屋ではなく店抱えの下職人、細工人であったようである。

古今雛の成立は江戸の雛文化の完成を意味し、またそれが今日の雛の源流となったという意味において重要だが、近年これまでの認識を訂正しなければならない事実が現れた。ここでは最新の研究成果を活用し、通説のよりどころを改めて見直すことで、古今雛が現れる過程をみてみよう。

通説への疑問

笹岡洋一は『宴遊日記』により、古今雛が現れた時期を安永九年（一七八〇）から一〇年（天明元年）頃ではないかと訂正している。実際に雛市を見聞した信鴻の日記は、少なくとも通説の年代設定より信憑性が高い。日記には安永一〇年まで古今雛の名は登場しない。しかも、前年に信鴻は新雛（?）を購入し、その翌年に古今雛が現れ珍重されていることから、先の新雛こそが古今雛ではないかという（笹岡一九九五）。

また江戸文化研究家花咲一男は『組合入用帳』の安永八年（一七七九）に記載された、十軒店の「雛商売人原舟月」が舟月の初出であること。そして『宴遊日記』の記録から、彼は天明四年の後半から五年にはすでに江戸を去っているらしいことを紹介している。したがって、寛政二年に摘発される「下職人舟月」は「雛商売人舟月とは別人」ではないか、しかし「両人の間に血族・師弟関係を認めることができるか」は不明であるとしている（花咲一九九七：58頁）。

つまり花咲に従えば、われわれが古今雛の創案者としてきた『公用帳』に登場する舟月は二代ということになる。（もっとも人形史の研究者ではない花咲には、「下職人舟月」が初代か二代かには興味がなく、その点について全く言及はない）。

以上の指摘をまとめると、古今雛の現れた時期を再検討する必要があるばかりか、「下職人舟月」とは誰か、という問題が生じてくる。しかも「雛商売人（初代）舟月」自身が古今雛を販売していたのであれば、大槌屋が古今雛の販売を一手に引き受けていたという点も検討を要することになる。つまりすべての通説を訂正する必要が生まれるのだ。

舟月が初代か、二代かは、些細な問題のようだが、のちに触れるように、大坂の根付《ねつけ》師で絵師であった初代が江戸に下り古今雛を創案したのであれば、これが江戸製の雛という論拠は薄くなる。しかも「下職人舟月」＝初代であれば、寛政の頃江戸で流行した古今雛は上方下《かみがたくだ》りの雛ということになり、この時期に江戸オリジナルの雛が名実ともに完成していたとはいえない。

しかし、彼が二代であれば話は別である。これも後述するように二代舟月は神田丸太河岸の材木屋の伜であり、江戸で生まれ、修業した生粋《きっすい》の江戸人だ。彼が寛政の改革で摘発された「下職人舟月」で、のちに江戸を代表する名工となる人物であれば、これまでの仮説はがぜん説得力をもつ。少なくとも通説は『雛仲間公用帳』の記述だけをたよりに形成されている。しかも、初代が大坂の根付師であったことなど夢にも想定していなかったであろう。つまり舟月が初代か、二代かという問題は江戸雛の成立という点において重要な意味をもっている。そこで「雛商売人舟月」と「下職人舟月」のあとを追うことにしたい。

三　名工原舟月を追って

「雛商売人舟月」の繁栄と江戸払い

舟月に関する数少ない資料の一つが『装剣奇賞』だ。同書は天明元年（一七八一）の九月に大坂で刊行され、その巻之七附録に根付師として舟月が紹介されている。

法眼舟月　樋口氏　大坂島内ノ在　今住江戸
画工なり、画を以て法眼位に叙す、此人細工甚だ巧なるによりて、
根付を彫る、もちろん手際すぐれたり

この舟月は天明元年頃には江戸に住んでいたことがわかるが、『組合入用帳』には安永八年から舟月の名が確認される。毎年の雛市に南北町奉行所の役人が見まわりにくるので十軒店、尾張町の年行事が中心となり居付の業者が彼らの労をねぎらう。役人は都合八人である。同帳はおもにその宴会の諸経費と組合員の分担金の記録だ。

例えば安永七年（一七七八）は十軒店で四両二朱八百文、尾張町はその約半分の二両二朱四百文を負担している。雛市の賑わいや規模は十軒店がまさっていたことがわかる。分担金は「問屋雛店一分、定宅雛店一分、仮宅雛店二朱」となっているが、前店出小屋からも四百文を集めている。この『組合入用帳』は安永七年から天明四年までの七ヶ年分が記録され、舟月は「安永八年から天明二年まで、二朱の仮宅雛店」だったが、「天明三、四年は一級上の壱分の定宅雛店」となっている（花咲一九九七：51～52頁）。

この記録を年を追って、もう少し詳しくながめてみよう。舟月は安永九年と天明二年には二店を構えていたらしく一店二朱、合わせて一分を、また、天明三年には本店一分と出店二朱の計一分二朱を負担している。ちなみに天明三年に十軒店で一分を負担する店は、全店数二六軒中九軒。そのなかで面屋九次郎が、二朱の出店と四百文の小店の三軒を、柏屋四郎左衛門が二朱の出店を抱えるだけだ。四年前に突然上方から現れた舟月店は、わずかの期間に江戸でもっとも繁栄する十軒店の有力店に急成長したことがわかる【図14】。

それが同業者の嫉みでもうけたのだろうか。舟月は「紫宸殿《ししんでん》及び右近の橘左近の桜の形式による雛人形」をつくったために「奉行所に拘引され牢屋に投ぜられ」「其の後江戸ばらひ《払い》と」となったと、『根付の研究』（上田一九四三：170頁）はいう。これは天明五年（一七八五）頃のことらしく、『宴遊日記』天明五年二月二八日には、

九過、お隆同道十軒店へ行…秋月店へ行。雛少なく秋月も上京せし由。もはや此店も譲たる様子なり。三寸の古今雛を極め…

と記されている。『装剣奇賞』の記述からみて、この秋月は大坂島内のものとみて間違いがない。いわゆる初代舟月である。初代は安永八年頃江戸に現れ、天明四年の後半か翌年の初めに江戸を去ったのであろう。したがって、寛政二年の雛市改めに摘発された「下職人舟月」は別人だと考えたほうがよい。確かにここまで繁盛した「雛商売人舟月」が、六年後に大槌屋抱えの「下職人」として現れるのは奇妙だ。

【図14】雛が納められた箱に「秋（舟）月作」の文字がみえる。（「当世好物八契」渓斎英泉画 文政頃）

「下職人舟月」は何者か

ではこの「下職人舟月」は何者なのか。それを解明する手がかりも『根付の研究』にある。ここで二代舟月は次のように紹介されている。

二代は神田丸太川岸の材木屋の息なりし…彼十三歳（自分が次男であるため行く末を悲観し）毎日為すことなく暮らせしが其の近くの十軒店の舟月の宅に行き其の仕事を熱心に見物せしが、或時舟月より彫刻をすゝめられ大いに喜び遂に師弟の約を結び入門せしが熱心に其の技を学び業大いに進む、舟月非常に彼を愛し遂に舟月二代とせり。

後二代舟月十七八歳の折初代舟月は江戸ばらひとなりしかば二代は之を見送らんとせしに本家より大いに之をとゞめしが、初代は已に赦免となり且自分の師匠を送るのに差し支へなかるべしとて遂に大阪迄送り別れに際し、自分が師匠を養ふことを得るに至れば是非迎ひに来るべしと約し、江戸に帰り二十三の折前言に従い師匠を迎ひに来りしが、師匠は已に死去後なりしかば未亡人と甥の四郎五郎を伴い江戸に帰る…（171頁）

二代舟月は一三歳で初代に入門、彼が一七、八歳の頃、師匠である初代が江戸払いとなる。二代は別れに際して、修業をつみ成功した暁

には必ず初代を迎えにくると約束をしたという。

これをまとめると、二代の弟子入りは初代が十軒店に店をかまえて二、三年たった安永一〇年（一七八一）頃。初代が江戸払いとなった天明五年（一七八五）から寛政元年（一七八九）までの一七歳から二一歳頃までが「下職人舟月」の修業時代であろうか。このころ若き舟月を抱えの職人としたのが、大槌屋半兵衛であった。平常は煙管《きせる》商を営んでいた大槌屋は、根付師でもあった初代との縁で、二代（二代も根付師として有名である）とも関係が深かったのかもしれない。

初代を迎えに行ったとされる二三歳の年は、寛政三、四年頃になる。谷中《やなか》妙運寺に残る初代舟月の墓には寛政三年九月九日没とあり、二代が迎えに行ったとき、すでに世を去っていたという伝聞に符合する。しかも、寛政二年に「雛市改め」で摘発をうけた若き舟月が過料（罰金）六一貫八七〇文（一〇両一分）を支払っているとすれば、初代を迎えられるのは寛政三年の五月の節句が終わり問屋からの支払いが済んだ後か、もしくは蓄えもできたその翌年であろう。

『根付の研究』は、おそらく舟月に関する伝聞を昭和の初めにまとめたものであり、その史料的価値は決して高いとはいえない。しかし、その内容を『宴遊日記』『雛仲間公用帳』『組合入用帳』などに重ね合わせると驚くほどの整合性がみられる。これらの史料が『根付の研究』の伝聞の確かさを証明している。以上のことを総合的に考えると、通説③の古今雛を創作した職人舟月は、初代ではなく二代舟月と断定して差し支えがないだろう。

四　江戸の雛文化の完成期

大槌屋と明和という年代

次に「通説②　古今雛は上野池之端大槌屋半兵衛が売り出したもの」および「通説①　京都風を脱した江戸雛（古今雛）が現れた時期は明和末頃」の検討に移ろう。やはりここでも『宴遊日記』（安永一〇〔天明元〕年三月一日）が大きな役割を果たす。

…槌屋雛店へ行、甚見物多し、古今雛直を付く暫在れ共兎角応対売らさる故広小路へ出…唐木屋雛市へ上る、二階にて古今雛を一双見する、不称□、甚込合故下り千林堂雛見せへ行、是ハ旧年も雛求めし店なり、惣髪細工人在、知己也、古今雛大小五六十対、二階に大雛其他大人形数十在、六寸古今雛を買ひ…

これをみるかぎり大槌屋ばかりではなく、唐木屋、千林堂など複数の店が古今雛を扱っていることがわかる。古今雛は大槌屋だけのブランド品ではなさそうだ。またここに記された槌屋雛店は、雛仲間一番組大槌屋平兵衛の出店と思われる。「小間物や袋物雛人形の類」を扱うこの店は「間口五間奥行池の端」まであった大商人であった（『豊芥子日記』巻之上）。

『よしの冊子』一四には「池の端槌屋の番頭」が古今雛を商っていたところ、「結構の装束ニて、其上高金之由相聞へ、何も御取上ニ相成り、過料として廿四両貳《(二)》分さし出候」と記されている。大槌屋半兵衛の過料の額もほぼ『よしの冊子』と一致する。この「池の端槌屋の番頭」は、雛仲間三番組大槌屋半兵衛であろう。ちなみに一番組は問屋、二番組、三番組は小商人や職人、半兵衛のように人形商売とは異質な煙管商などの本業をもつものも多い（松本一九五八、岩淵一九九七参照）。半兵衛は三番組のいわば弱小店の主人だ。安永頃すでに町に流行する古今雛を一手に販売していた店とは考えられない。むしろ彼は「舟月」という職人を抱えていた店ではないのだろうか。

そこで大槌屋半兵衛が古今雛を売り出した根拠とされる、北町奉行との吟味の模様を再検討しよう。寛政二年三月六日、半兵衛ははじめて奉行所の取り調べを受ける（『東京市史稿』産業篇第三三巻所収「雛市場騒動一件之事」の翻刻を参照）。

（奉行）古今雛とハ如何。
（半兵衛）何も子細ハ無之候。此姿之雛、親王雛・古今雛なと申、前々より有之候。女子之尊敬御用ニ相成候故、柔和に古今と名つけ候哉と存候。
（奉行）其方壱人ニ限儀外ニも有之哉。
（半兵衛）名目ハ色々替り候へ共、壱姿之雛外々にも随分有之候。
（奉行）何ヶ年已前ニ仕出し候哉。
（半兵衛）凡廿ヶ年程哉と奉存候。

寛政二年から単純に二〇年を逆算すると明和七年（一七七〇）となる。しかし、問題はその解釈である。実は申し開きの内容から大槌屋が古今雛と名づけて売り出したという事実はどこからもみえてこない。むしろ、その逆である。

奉行に古今雛のことを尋ねられ、大槌屋は「これといって理由はないが、この型の雛は親王雛、古今雛などといって以前からあったものです。女の方の尊敬、ご用になりますから、やさしく古今と名づけたのではないでしょうか」と答えているにすぎない。また「お前一人が扱っているのか」と問われ「名前は色々あるが、この形の雛は他にもいっぱいあります」と返事をしている。

つまり古今雛は、安永頃に京風の次郎左衛門雛をうけて現れた江戸製の新型の雛をさす言葉の一つではなかったか。他に名前は親王雛などいろいろあったが、そのなかで古今雛が通称として生き残ったのであろう。だから、大槌屋は「候哉と存候」（そうじゃないかと思います）と答えている。もし彼が売り出した商標であれば、もう少しはっきりと答えるはずだ。しかも『宴遊日記』に登場する複数の古今雛を扱う雛店の存在が、それを傍証している。したがって通説②は訂正を要する。

大槌屋は古今雛の由来もよくわかっていないようだ。奉行にいつごろからあるのかと問われても、「いやー、ここ二〇年ぐらいじゃないですか」と答えるしかなかった。したがってこの二〇年という数字は、厳密に考えないほうがよさそうだ。確かにここから機械的に逆算すれば、明和七年になるが、それを古今雛が現れた時期とするだけの説得力はない。したがって「通説①　京都風を脱した江戸雛（古今雛）が現れた時期は明和末頃」も、史料的に確認される安永頃に訂正したほうがいいだろう。おそらく新型の雛が流行しはじめた頃に評判をとったのが、初代舟月の店なのだろう。

『宴遊日記』に安永一〇年から古今雛の名が頻出するところから、初代舟月が古今雛の命名者かもしれない。とすれば彼が十軒店に店を構えたらしい安永九年頃が古今雛の出現時期でもいいのかもしれない（笹岡一九九五）。

しかし、それを断定するには若干のとまどいがある。というのは柳沢信鴻が隠居したのは安永二年。確かに安永三年、四年、七年と雛市をうろうろしているが、それはすべて信鴻の住まいである駒込六義園の坂を下った池之端中町ばかりである。はじめて信鴻が十軒店にでかけようとするのは安永九年。しかし、湯島聖堂にでたところで天気があやしくなり家臣にも諌められる。そこで帰宅途中に池之端の大槌屋でみそめたのが白地金襴の雛であった。彼はそれが忘れられず三日後に家臣に買いに行かせている。そしてその者が帰ったと知るや、わざわざ家にまで出向くという執着ぶりであった（安永九年二月三十日）。

このとき買い求めた雛が笹岡が「あたらしい型の雛」（古今雛）ではないかと解釈する「新雛」だ。しかし、当時は古雛（昨年の売れ残りの雛）を扱っている店があり、「新雛」とはただ新しい雛をさす語とも理解できる。信鴻自身が十軒店の雛市に足を運ぶのは、実は安永一〇年が初めてであった。雛市に馴染み、楽しみはじめた信鴻の目に、当時流行りの古今雛の名が飛び込んできたという可能性を捨てきれない。しかも、それまでは雛市関する記述はどちらかといえば淡白であった。日記をみるかぎりあまり親しく業者と交わっている様子もみられない。二八年間も十五万一千石《ごく》の藩主を勤めた信鴻の姿形は、まだ庶民と開きがあったようにも感じる。

ここはひとまず通説の「明和」という年代を、次の「安永頃」に訂正するだけにとどめておきたい。

江戸雛の出現から完成まで

すなわち安永頃、京下りなのか、江戸製なのかわからないが新型の雛が現れる。それを親王雛・古今雛などとよんでいたが、のちに江戸ではこれにならった「新型の雛」を古今雛とよんだ。それは従来いわれていたように、上野池之端大槌屋半兵衛が下職人舟月に頭をつくらせて売り出したのではなく、江戸の複数の店が扱う流行の雛の名であった。

大坂の根付師であった初代舟月の古今雛は、上方と江戸の好みを折衷したような雛だったのか。彼によって古今雛のおよその形ができあがったのかもしれない。それを江戸雛として大成させたのが、寛政二年の雛市改めで摘発される二代舟月であった。彼は名人上手で聞こえ、神田多町《たちょう》の山車人形「鍾馗《しょうき》」をはじめ五月人形、根付、木彫の置物、面などあらゆるものをつくる「萬《よろず》木彫細工人」であった（是澤二〇〇五）。

江戸を代表する名工舟月は、「いい細工顔もてらてら舟と月」（『柳多留』一八二〇：七二篇31丁）「毛氈へのせて照りよき舟と月」（『柳多留』一八二二：七三篇4丁）と数々の川柳にも詠まれ、「一年に二度づゝ照らす舟の月」（『柳多留』一八三八〜四〇？：一六二篇18丁）という句もある。二度とは雛と天下（山王・神田）祭をさしている。「舟月の偽作相馬の安内裏」（『柳多留』一八三二：一二四篇8丁）のように、田舎雛に舟月の名をつけた偽の雛まで現れる人気であった。また舟月は雛人形の頭にガラスの目を入れる工夫をした人物とされている。

天保一五年（一八四四）に没する二代は、寛政から文化文政、天保とまさに江戸文化の爛熟期の雛文化を約六〇年にわたって支えた江戸雛の名工であった。それは文政七年（一八二四）の『江戸買物独案内』にいならぶ問屋に混じって一人「御雛師原舟月」が掲載されていることからもわかる。

二代舟月が古今雛をつくり売り出した時期を、『明和誌』（一八二二年）は「安永の時代より、古今雛、原舟月という細工人つくり出す」としているのをはじめ、斉藤月岑『東都歳事記』（一八三八年）は寛政、同じ作者の『武江年表』（一八五〇年）では享和年間に改まっている。安永・寛政・享和と三〇年ほどの開きがあるが、三書ともに原舟月が江戸雛（古今雛）をつくり上げた人形師という点では一致している。

そして、「文化の比《ころ》は玉山、舟月両人の細工雛流行。尤工み成物也。小きんといえるものはやる」をはじめ、舟月の名前が諸書に現れるのは、文化・文政（一八〇四〜三〇）頃だ。【図15】

上方と江戸の好みを折衷したような古今雛が、江戸雛として大成されるのは、「寛政の改革」以降とみてよいだろう。そして文化文政期という江戸文化の爛熟期に、名工の名を不動にした二代舟月の評価が、古今雛の代名詞として人々に浸透し、『明和誌』をはじめとする諸書の記述に結びついたものと考えられる。そこでいつしか舟月が、古今雛の代名詞的存在になったのだろう。

すでに寛政以前には、江戸雛はほぼ完成されはじめていた。このような技術の集積と江戸っ子の嗜好とが重なり合い、寛政の改革の後、古今雛が名実ともに完成する。つまり武家や公家の次郎左衛門雛、公家の有職雛などに少し遅れて、一八世紀終わりから一九世紀にさしかかる頃になり、江戸の町に雛文化が完成する、といえるのではないだろうか。

【図15】雛市で、舟月とならぶ江戸の名工「玉山」の雛が売られている。（「十軒店雛市之光景」三代豊国画　弘化〜嘉永）

次にもう一つの江戸の主役、小さなもので贅をこらす芥子雛・雛道具が江戸の町に誕生し、浸透するまでの過程をのぞいてみよう。

五　雛祭りの円熟期

芥子雛・雛道具と京風古今雛

一　雛市改めと芥子雛

寛政元年の禁令と『よしの冊子』 ▼44頁

話をもう一度寛政の改革に戻そう。田沼時代は終焉し、天明七年（一七八七）に松平定信が老中につく。その三年後に「寛政の改革」の一環として「雛市改め」が断行される。定信は、まず田沼政治の一掃にとりかかり、これまでの政策を断ち切ることにつとめた。そして無宿人などを収容して職業訓練をおこなう人足寄場《にんそくよせば》を設け、災害時の救助にあてることを目的とした七分積金《しちぶつみきん》など、社会政策を押しすすめた。しかしその一方で、言論や風俗を厳しく統制し、武士や町人の生活をひきしめるために、倹約令をだして質素な生活を命じた。

寛政二年（一七九〇）、風俗の取締りの一環として、遊里の遊びと滑稽さをえがいた洒落本の出版が禁止され、「雛市改め」がおこなわれる。その翌年には、すぐれた洒落本作者であった山東京伝《さんとうきょうでん》が、版元とともに処罰されたことはあまりにも有名である。「白河の清きに魚のすみかねて　もとの濁りの田沼こひしき」。この狂歌に代表される

【図16】天保5·1834年の『江戸名所図会』。「十軒店雛市」の頁で、右手に描かれているのが前店出小屋。上に書かれた芭蕉の句「内裏雛人形天皇の御宇《ぎょう》とかや」は有名だった。

ように、白河藩主である定信による「寛政の改革」に、江戸の人々は息苦しさとともに不平を感じていたらしい。

寛政元年にだされた禁令の内容は、享保六年を踏襲したこれまでの禁令より内容が細かくなり、雛や雛道具ばかりではなく、櫛《くし》・笄《こうがい》・簪《かんざし》・煙管など、多岐に渡っていた。だがこれは、在庫や発注を済ませた品を処分するための一年間の猶予も付いていた（『江戸町触集成』九四三八）。その理由は、かつて商人が在庫を処分する暇をも与えず、厳しく禁止したために、かえって禁令破りが横行し、徹底しなかったという反省からきたものだ。これは一見ゆるやかなようで、今後、絶対禁制の雛は認めないという意味が込められていた（『よしの冊子』八、寛政二年二月一二日）。

『よしの冊子』は、松平定信の側近の水野為長が、幕政や世情のうわさなどを見聞したことを書きとめ、定信に提出した、いわば諜報文書である。これを「雛市改め」の取締りの様子を詳細に記録した『雛仲間公用帳』と合わせてみると、寛政二年当時から抜け道的な贅沢品として芥子雛や極小の雛道具類が町に現れはじめていることがわかる。

禁令に対する雛商の思惑

来年から八寸以上の派手な雛や雛道具の取締りが厳しくなる、と知った町の人々は今年は高級な雛の大安売りだと思い込み、雛市に殺到した。しかし「却って例年よりハ高直」で、当てが外れた。雛は際物商売なので、来年まで残しても仕方がない。時期を逃せば処分もできないはずだ。客は単純にそう考える。だが、商人には商人なりの思惑があった。彼らは、来年から禁制となる雛を安値でたたき売るよりも、強気で高値を維持し、希少価値をつける方を選んだのである。

では売れ残った雛はどうするのか。これはもちろん「雛仲間」に加入している一番組、二番組、三番組では扱えない。だが、露店を出して古雛などを扱う「前店出小屋」組に買い取らせ、中古品として売りさばく、という抜け道を考えていた【図16】。古道具にしてしまえば、禁令がでる前に流通していたものと区別がつかないので、摘発のしようがない、と踏んだようだ。水野為永は、半ばあきれ気味に、まったく商人というものは油断のならない奴らだ（『よしの冊子』八、寛政二年三月三日）と記している。

翌年の「雛市改め」では、南町奉行所は尾張町・麴町を中心に一二軒、北町奉行所は十軒店《じっけんだな》の三軒の雛屋を摘発している。南町は大店の平松屋・能登屋をはじめ一番組三、二番組三、三番組四と、ほぼ網羅的に摘発している。それに対して、北町は二番組・三番組各一軒の比較的弱小店を摘発し、職人からは二代原舟月、そして前店出小屋組の和泉屋庄五郎も、尺五寸の人形を販売したなどの咎で取り調べている。南町と北町の間に役割分担があったか、なかったかはわからないが、見せしめのように雛商売人たちを多数摘発した南町に対して、北町は数を限定し、製造・流通・販売方法まで事細かに取り調べている。

先の情報は、奉行にも届いていたのであろう。出小屋組の摘発は、処分しきれなかった禁制の雛を、古道具として販売するという抜け道を計画した業界への牽制の意味もあったようだ。露天商の庄五郎は、「古雛ニても壱尺有余」の雛人形を店に出していたことを指摘され、他の「雛仲間」の前で小商いであるにもかかわらず執拗に咎められ、前店出小屋組が「雛仲間」に加入していないことを責められている（『雛仲間公用帳』）。また、三番組大槌屋への取り調べでは、舟月のような「下職人」まで捜査の手を広げている。

雛市摘発の様子

雛市摘発の様子も、手を変え品を変えたものであった。寛政二年二月二七日の昼時、尾張町に同心の三人が現れる。彼らは、一通り見まわり、帰ったと見せかけて、また戻ってくる。

これにすっかりだまされた三番組の東屋平八は、別の場所に隠していた禁制の雛を、店に持ち帰ったところを捕まえられ、のちに商品没収のうえ、一〇両二分の罰金を科せられている。小山弥兵衛は、あわてて禁制の品を隠してみたが、すでに一巡目で目をつけられていたらしく「先ほどの雛はどこだ」と問い詰められ、今売れたところだとうそぶいたところ、「家内中御詮議」のうえ、ついに見つかり御用となる。

山田屋は、物置ではかえって危ないとでも思ったのだろう、大胆にも土蔵の前にそれとなく板をかぶせていた。大店の平松屋藤兵衛のところでは、二階の取調べ中に同心が、物干しから屋根越しに鍵のかかっている物置を発見、即座に踏み込まれ封印される。

それからさらに三回目の見まわりに入るという念の入れようで、風呂敷に包み置いていた雛を摘発されたのは、これも一番組の大店能登屋庄八。平松屋の出店藤三郎方では、二階の物置に道具をいっぱいに並べ、その奥に隠していたが、道具を取り除かれ発見されてしまう。

また、雛屋ではないが、丸角という小間物屋では、次のようなおとり捜査がなされている。与力《よりき》が一般客を装い、店を訪ねる。鼻紙袋をあつらえて欲しいなどと持ちかけ、次第に高級なものを所望する。店の者が奥から禁制の品を出してくると、供の中間《ちゅうげん》に目で合図をする。申し合わせのとおり、中間は店を出て、待機していた役人に連絡する。

早速、一〇人ほどの同心を引き連れて店に踏み込み、その場で、禁制の道具を残らず、没収するといった具合であった（『よしの冊子』一四、寛政二年八月二八日）。

お白州の攻防、大きさか立派さか

役人と商人のイタチゴッコは、お白州（法廷）でも続く。上州屋は去年の在庫に困り、仕方なく売ってしまったと観念するが、平松屋はこの雛は昔からの残り物で商売ものではない、隠していたのではなく二階の物置にしまっておいたのだ、と主張する。しかし、奉行はいくら商売ものではないといっても、商売人が持っていることは隠し売るという意図があったと疑われても仕方がない、と一蹴する。他の者はこれで恐れ入ったのか、皆在庫だというが、能登屋庄八だけは言い分があった。

茅町に本店のある庄八は、雛市の時期に尾張町に出店をだしていたのだろう。去年の売れ残りがどういうわけか出店に紛れ込んでいたので、本店に返そうと風呂敷に包んで置いていたところを取り上げられたのだ、という。もちろん奉行は、そんなことは言い訳にならない、と相手にしない。後日平松屋の六九両余をはじめ、身代に応じて過料が命じられるが、庄八の言い訳が奉行の心証を悪くしたのだろうか、能登屋だけは「余分御附たし」があり、一四八両もの過料が申し渡されている。

また雛市改めでは、雛の寸法を測るために、一尺の竹や扇子などを持ち出し、役人がいちいち高さを改めている。北町に摘発された越後屋の一番の雛（業界用語で人形の大きさをあらわす。数が少ないほうが大きい）は、同心が扇子で入念に高さをはかり、一一体の雛が御用となった。ところが大槌屋半兵衛はお白洲で、通常「頭《かしら》」と「胴体」の部分を別々に仕入れて、それを問屋が雛人形にまとめるのだから、われわれは胴体が八寸以下だとばかり思っていた、と奇妙な言い逃れをしている。しかも奉行所に没収された大槌屋扱いの舟月の古今雛一一対は、比較的小さい六番で、肩まで六寸、首を差して冠をかぶせても七寸五分の禁令ぎりぎりの大きさで、衣装の布もお触れに背くものは使用していない。八寸以下なのになぜ摘発されたのだと、半兵衛は食い下がる。北町奉行が「衣装縫立ニ致、寸法を小く致、結構ニ念入候」雛をつくったことを問い詰めると、彼は「寸法衣装」は注意したが、「手間」については考えなかった、と答える。奉行は「結構ニ手間懸り候品は御停止」であり、このように「結構」（立派）な雛なら、五寸であっても、三寸であっても許されないのだ、と半兵衛の言い分を退けている。

大槌屋半兵衛の摘発の理由は、八寸以上の大きさの雛をつくったのではなく、手間をかけ、入念に仕立てた雛を販売したことにあったようだ（ただし判決では八寸以上の雛を仕立てたことも理由になっているが）。越後屋が「一番」の大きな雛を一対一両三分で売ったのに対し、半兵衛は舟月の「六番」の雛を二両二分で商ったと述べている。小さいが外目でもわかる高品質の雛だったのだろう。舟月の細工の見事さが、北町の役人の目に止まり、槍玉に挙げられたことだけは確かである。大きさ・衣装という外見だけでなく、贅沢品そのものを規制するという禁令の趣旨を徹底させる、という意図があったのかもしれない。無名時代の舟月の腕のよさを物語るエピソードだ。

地味で渋く、小さな雛の流行 ▼60頁

そこで商人側は、もう一ひねり知恵を絞る。派手で目立つものがだめなら、目立たぬように、じっくりと手をかけ、渋く地味な高級品をつくりだし、それを高値で売りさばこうとするのである。

…来年よりハ金入ハ不用ニ候へ共、其代りニびろうど、どんす、こはく、さやちめんニていか程も当世風ニこつくりとじミニ衣装を仕立候よし、雛の直段来春よりハめつきりと格別高直ニ可相成ニとの事のよし。当世風ハあまりけやけきよりハじミにこつくりと落ちついて金の入候やうに見せるが当世風のよし、雛も金入りを用るハ却て昔風ニてこつくり仕立が当世風じやとさたのよし。（『よしの冊子』八、寛政二年三月二日）

「こつくり仕立」とは、着物の色や柄に落ち着きがあり、品のよい仕立てのこと（『江戸語辞典』）。「どうだこれなら文句はないだろう」、今にも商人の声が聞こえてきそうである。そしてまだまだ、役人と商人の知恵比べは続く。

今度は小さなものに手をかけ、地味な贅沢品をつくり上げてしまう。寛政二年には、八寸以上の雛が取締りをうける一方で、小さく、精巧な芥子《けし》雛や雛道具が町に流行しはじめたようだ。

…呉服物抔高金の品もうれ不申候へ共、又々目立候ハぬ様ニいたし、価ハ高直成ものも可有之由。雛も大キナルハ無之候へ共、至て小さくいたし手を細かに入、人形等多く出来候よし。どうも町人といふものハならぬやつだ。とさた仕候よし。（『よしの冊子』一一、寛政二年二月二八日）。

武家・町人の区別なく女性は、着物などに目立たぬように手をかけ、金をかけている。雛も大きなものこそなくなったが、小さく、細工に手をかけたものが売られている。奉行所が、八寸に満たないが精巧な雛を商った半兵衛と舟月を摘発した目的は、実はこのあたりにあったのかも知れない。まさに江戸の町には、芥子雛や極小の雛道具が流行する地盤が、「寛政の雛市改め」を境に固まりはじめていたのである。

寛政五年（一七九三）老中松平定信が失脚すると、取締りもゆるやかになる。おそらく、その反動から、極小の雛道具類が流行しはじめたのであろう。これは、物差しを持っていちいち雛の寸法を改めた役人の行動を逆手に取った江戸っ子の心意気であり、また贅をつくしても小さいものなら目立たないという、売る側の知恵も働いたと考えられる。とにかく八寸以上の高さの人形を、厳しく制限された江戸の人々の遊び心と、小さく精巧なものに対する日本人の志向が一つになり、小さく華麗な雛や雛道具が生まれるのだ。

二 百花繚乱の雛の宴

雛祭りの円熟期——節句の賑わい

寛政七年（一七九五）には、芥子雛で有名な京都の橘屋が「雛仲間」一番組に加入している。また、「雛市改め」から一三年後の享和三年（一八〇三）には、近ごろ町では「芥子細工」と称して、「子供もて遊ひ之品（玩具）」に手の込んだ細工をして高値で売り買いしているので、これを禁止するという町触がでている（『江戸町触集成』一一二二一）。文化・文政（一八〇四〜三〇）頃は雛段も高く派手になり、江戸の雛祭りは円熟期を迎えようとしていた。

当時の雛祭りは、子どもだけでなく、大人を含めてすべての女性を喜ばせる行事であった。幕府の厳しい統制の中で、活気を失い、退廃的で無気力な風にみちていたといわれる「化政文化」だが、その一方で、都市生活も豊かになり、庶民の文化水準は向上していた。江戸では、娘が生まれると雛市で内裏雛と五人囃子（あるいは随身）を購入し、親戚縁者が持ち寄り、人形祭りを楽しむことが多かった。特に、五人囃子の人気は高く、必ず雛段に飾られたという（『守貞謾稿』）。そして、幕末には官女・随身など、今日おなじみの人形が出そろう。【図17】

『江戸府内絵本風俗往来』（菊地一九〇五）は、嘉永から慶応にかけての江戸の年中行事など市井の風俗をよく伝えているが、三月三日に武家だけでなく民間でも節句に贈り物をやりとりする様子を記している。「中以下」の人々は、「親類縁者、諸芸の師」、商売人や職人は御得意先に「白酒・蛤・栄螺・胡葱等の野菜、重箱詰の料理」などをもって挨拶に伺う。また町家では向こう三軒両隣など「長屋内へ豆煎」をやりとりし、「家主・地主より、物学びする者は師の許へも贈る」。そしてこの日の往来は「武家勤めの女中」や「商工の使人」など、「進物を携えたる」人々で賑わう。これは端午の節句も同様で、五節句すべてに「佳辰《かしん》の祝礼」があり、「縁辺朋友」が招かれ、祝宴が開かれる。

節句は人と人との絆を深め、日常の雑事を忘れて体を休め、日頃あまり口にできない御馳走を食べ、英気を養う貴重な機会でもあった。なかでも女性を中心とする華やかな雛祭りは、賑やかで楽しい一日であり、その主役が雛段の雛人形をはじめとする雛飾りだ。文化二年（一八〇五）の歌麿の浮世絵【図18】をみると、古今雛ばかりか享保雛・五人囃子などが所狭しと雛段を飾り、女性たちは白酒を酌み交わしている。その日はまさに人形の祭りであった。そして、武家・大奥等、表向きはある程度の形式にとらわれながら、その実、流行に敏感な女性の想いは上下にへだたりはなく、内向きには古今雛や芥子雛も重用されていた。

【図17】雛段に古今雛・五人囃子・官女と雛道具が並ぶ。（永嶋孟斎画　幕末～明治　掛軸仕立て）

家より高い雛と雛道具 ▼66頁

衣食住をはじめ庶民の生活のすみずみまで規制した幕府の禁令を逆

手にとった江戸っ子の、小さいが贅をつくしたものへのこだわりは、ますますエスカレートする。

子どもの持遊び物も、近年世帯道具一式出来合有なり。其上細工の様子一通りならず手の込たる事也。世にけしやといふ。世都ての細工物役に立ぬものまでも、手の込たるは目を驚かす事なり。
（『飛鳥川』文化七年）

なかでも上野池之端の七沢屋の雛道具の値段は、「世帯をもつよりも貴し」とまで記されている（四壁庵茂鳶『わすれのこり』下）。家よりも高い雛道具、このような贅沢品を、大奥はじめ各大名家や、富裕な商人が競って注文したという。また、象牙の頭を持つ芥子雛や銀やガラス製の雛道具など、江戸の庶民がつくりあげた雛は、上層下層の区別なく、身分を超えて珍重されるのだ。

繰り返すが江戸時代後期の江戸で、独自の発展をとげる古今雛・芥子雛・雛道具は、江戸の町人がつくりあげた様式であり、それがやがて大奥などにも流行する。しかしいくら大奥などで重用されても、それはあくまで内向きのことであり、正式な雛ではなかった。このような雛を主に支え、それをつくりだしたのは、やはり江戸の上層町人たちの趣向であろう。それは万治三年（一六六〇）神田塗師町に創業した紀伊国屋長兵衛（三谷《みたに》長三郎）の牙首《げくび》の木目込み雛【▼61～63頁】と、同じく幕府の御用商人であった三谷三九郎家の雛も象牙製で、道具は銀細工であったことからも推測できる。明治五年（一八七二）同家の総支配人格の三谷斧三郎の寮に奉公にでた老女は、次のような回想を

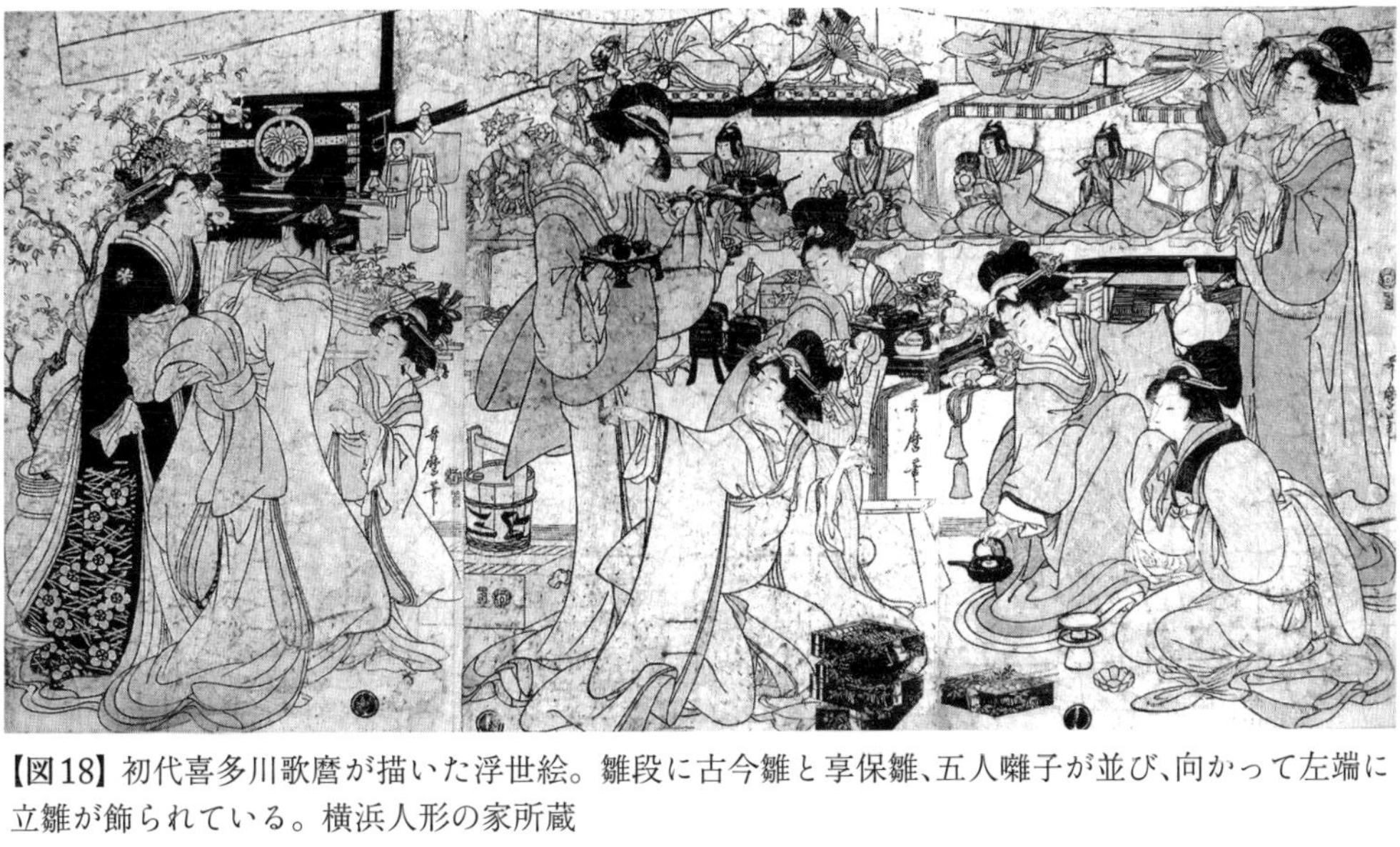

【図18】初代喜多川歌麿が描いた浮世絵。雛段に古今雛と享保雛、五人囃子が並び、向かって左端に立雛が飾られている。横浜人形の家所蔵

している（篠田一九九六：２８０〜２８１頁）。

寮のお雛様は、八畳の座敷に両端へ二組ずつ飾られ、中央に小さい象牙の細工のが一組ありました。…（この雛は）お嬢様ので三味線の箱ぐらいで三ツ抽斗にちゃんと納まるほどの細工物でお道具から御膳部はすべて銀細工でした。いずれも高価なものと思っていましたが、何かのしおつで箱をひっくりかえして見ましたら裏に百二十円という定価が消え残ってみえました。

嘉永から安政頃の「大江戸豪商家持丸長者鏡」などの長者番付には、紀伊国屋三谷家が右から五段目に見え、三谷三九郎は行司を占めている（『神田伸銅物語』図録）。

周知のように三九郎家は、明暦年間（一六五五〜五八）から続いた江戸本両替商であり、米沢・会津・秋田諸藩への大名貸しで発展する。両者の経営規模は異なるとはいえ、紀伊国屋三谷家もふくめ「元禄以前ごろから江戸に住み」「江戸で成長してきた」町人であった。まさに江戸っ子の主流（西山一九八〇：9頁）に支えられた、天保から弘化・嘉永を中心とする幕末の上層町人の趣向がうみだした雛が、芥子雛・雛道具であろう。

京都で流行る古今雛 ▼25頁

『守貞謾稿』巻二六は、京坂は江戸の「雛ノ如クニハ買人盛ナラズ」と記している。江戸市中では七夕《たなばた》をふくめて女性に関係する行事が盛んで、その反対に五月の内飾りは粗製品が多く、京坂の方が立派だ。一見将軍の御膝下、武家の町である江戸に似つかわしくないようにみえるが、「市中ノ婦女」は武家奉公にでているものが多く、その人たちが「大名ノ奥向」のことを町に伝えるので女性の行事が「京坂」より盛んなのかもしれない、という。

やがて江戸生まれの古今雛は関東一円の富裕層に受け入れられ、京都へも波及し、古今様式の京風雛をうみだす。これらは有職を無視して豪華につくられ、顔も写実的で、衣裳にも動きがある点では江戸製の古今雛と共通しているが、それでも江戸ものよりおとなしく、ややふくよかな丸みを帯びた顔立ちや優美な衣裳には、どこか京好みがあらわれている。

天保六年（一八三五）松浦《まつら》静山《せいざん》は「総じてこのごろ京師の流行は、何ごとも江戸風と謂て賞翫す、衣服、容体、菓肴料理、飲器家什に至るも、皆然り」（『甲子夜話《かっしやわ》』三編）と記している。第二章で、一八世紀頃に武家風が公家社会に浸透しても、京都の庶民の間にはまだ流行していない、という『蒼梧随筆』の記述を紹介した（▼１０２頁参照）。しかし一九世紀に入ると、町に江戸風がひろがり、雛人形にまで影響を及ぼすのだ。

さらに『守貞謾稿』巻之二六は、古今雛は「三都トモ今世用之。京師ニテ多ク製之。江戸ニモ下ス也」という。幕末には江戸生まれの古今雛が京の町にもあふれ、上方から江戸に下った守貞が古今雛を京生まれのものと誤解するほど流行していたようだ。

江戸と京大坂という地域を超え、大名・大奥・上層・下層の町人という身分の垣根さえ飛びこえて、雛人形に心を奪われる女性たちの姿は、封建社会の江戸時代にあって、なんとも不思議な光景であったかもしれない。三月三日は、あらゆる人形の集う、百花繚乱のような雛の宴が催されていたのである。しかし明治に入ると、あれほど隆盛を極めた雛の節句も一時衰えてしまう。

三 雛の近代　節句の衰退と復活

旧暦（太陰太陽暦）の明治五年一二月三日が、太陽暦の明治六年（一八七三）一月一日に改められ、祝祭日も五節句などにかえて、神武天皇即位日（紀元節）と天皇の誕生日（天長節）を祝日と定める太政官布告が出されると、五節句は公式の祝日ではなくなってしまう。

同年二月「大阪人形屋一統」がだした史料（吉徳資料室所蔵）には、人形商のあわてぶりがあらわれている。

一、今般五節句御廃止ニ付、雛人形飾リノ儀、彼是浮説有之候ニ付、乍恐《おそれながら》御府庁ニ御伺奉申上候所、人形売買ノ儀ハ可為勝手旨、被仰下候ニ付、一同有難仕合存候。決而御差留ハ無之候…

その内容は、五節句が廃止されるにともない、節句行事も禁止されるという噂がとびかっているが、役所に問い合わせたところ、節句の祝いは従来通りおこなってよく、人形の売買も自由というお墨付きをもらった、というのである。これは消費者にこれまでのように節句人形を販売することを広告したものだが、このころを境に節句行事は衰え、人形類も売れなくなってしまう。日本の伝統文化や生活様式が、大都市を中心に文明開化の風潮により退けられる傾向のなかで、雛祭りも衰退するのだ。

石井研堂『明治事物起源』は、明治一七年二月二七日の次のような新聞記事を紹介している。

復古流行とは言ひながら、活物の雛様と交際ができる世の中だから、お祭りするでも無い、と思つての事だかどうだか知らないが、十軒店の唐木屋では、年々歳々売れなくなる故、今年は断然雛市を廃したとの事です。

舟月の古今雛、雛屋の次郎左衛門雛、そして唐木屋の唐木屋雛とならび称された老舗唐木屋でさえ、雛市への参加を見送ったという。

しかし、人々の生活の根底に流れていた習慣はそう簡単になくなるものではない。明治二六年『風俗画報』第六二号は、新しい祝祭日が定まっても、世間の慣習は根強く、「土地に因り端午紙幟の盛なるに及はす」と五月節句が復興の兆しにあることを伝えている。

そして欧化政策への反動のように、日清・日露戦争などをきっかけに尚武《しょうぶ》の精神のあらわれとして端午の節句、そしてそれを追うように雛祭りも再び盛んになる。明治三三年『風俗画報』第二〇六号は「明治以後百事の革新するに随い。古来年中行事も。将に廃せむとせしが。近時再び旧観に復したるもの多し…最も盛りなるは。五月の鯉幟と三月のひなあそびなり」として節句行事の復興をつたえている。

やがて江戸時代と同様、節句飾りの主役は雛人形にうつる。雛祭りと端午の節句は再び盛んになったが、雛祭りのようには趣味が深くないので、「武者人形の市も雛市ほど盛り上が」らなかった（若月一九一一）。

それでも雛人形の世界にも近代化の波は確実に押し寄せていた。封建的な身分制度の改革は、各階層で育まれていた雛飾りの様式を融合させ、その微妙な垣根を取り除いてしまったのだ。

明治の内裏雛は、その形こそ古今雛の流れを汲んでいるが、もはや前近代の人々の雛に寄せる想いを映しだすものではなかった。また雛人形の売買の様子も、掛け値（実際の売値より値段を高くいい、客と値段の駆け引きをする）の声が飛び交う雛市の喧騒は影をひそめ、デパートなどの正札《しょうふだ》（掛け値なしの正しい値段）販売へと様変わりする。

そして大正一二年の関東大震災以後、雛段の人形・調度を組にして売り出すことが盛んになり、運輸の発達・商業機構の大資本化などによって、その規格化はひろがり（山田一九六一：332〜335頁）、それが大衆化した今日、雛の飾り方は、全国どこの家庭でもあまり変わらないものになってしまったのである。

おわりに――日本の文化・雛祭り

医療の発達により乳幼児の死亡率は急減し、子どもの健やかな成長を美しい雛に託して祝うことも形骸化してしまった。娯楽も多様化し、節句行事の賑わいに昔の面影はない。伝統行事の多くが本来の役割を終え、その意味が忘れられようとしている今日、大人が子どもたちに注いできた祈りや願いが、雛人形の形となり多種多様に発展した事実を確認したい。そしてその意味と役割を微妙に変化させながら、現在まで連綿と受け継がれているのだ。

平安時代「ひひな」遊びは、季節に関係のない貴族の女児の人形遊びであった。雛遊びの空間には道具類をはじめ贅をつくすものもあったが、人の形への恐れからか、「ひひな」そのものは手づくりの素朴なもので、それを鑑賞用のものにまで発展させる努力も、当時の人々はしなかったようだ。

室町時代に入り、公家生活の荒廃が「ひひな」遊びを退化させ、祓いの人形が発達する中で、厄災の身代わりなどの信仰的な要素と愛玩・鑑賞的要素をあわせもつ「ひな」人形が誕生する。少なくとも一六世紀の中頃から終わりには、雛遊びは三月三日に固定され、定期的な遊びになりはじめる。それが文献上確認できるのは、天正一九年（一五九一）のことであった。

ただしあくまでも京都の貴族社会では、三月の節句は「上巳の節句」であり、もともと雛のためにおこなうのではなく、この行事を俗習として軽く見る傾向さえあった。しかし江戸幕府は、五節句を公式儀礼の日と定め、上巳の節句をその一つとして位置づける。そのなかで、公家の世界では非公式の行事であった雛遊びに重きがおかれたのだろう。「年中行事雛祭り（遊び）」は、近世の武家社会が創り出した節句行事であった。やがて庶民の生活にも浸透し、さまざまな雛人形が現れる。

一七世紀後半頃に、民間では「雛遊び」が上巳の節句の年中行事となりはじめ、一八世紀頃を境に、雛道具を中心にした「雛遊び」から、雛人形を飾り楽しむことを目的とした人形祭りの要素を強める。一八世紀中頃には、「雛祭り」という言葉が定着し、いつしか女子の誕生を祝う行事として、江戸の人々の生活の中に浸透した。そしてこのころになると、公家と武家の習俗が交り合い、京と江戸で独自の雛文化が形を整え、それぞれの階層を中心に育まれた次郎左衛門雛・有職雛・古今雛等の人形が完成するのだ。

太平の世が続く江戸時代、人々の遊び心は、玩具（手遊）である人形に素朴な信仰心（病気や災いから守るヒトガタ）を融合させ、雛祭りを誕生させた。子どもの健やかな成長への「願いと祈り」を礎として、「遊び心」や「美意識」、時には「権力への反発心」などが複雑に絡まりあって、近世に形成されたものが日本の雛祭りであり、雛人形だ。

雛段の上の人形に菓子や季節の食物を供え、雛祭りに興じても、やはり雛人形には、みだりに持ち遊んではいけない神々しさがある。おそらく人形のなかには祓いのヒトガタ・カタシロに込められた祈りや願いが密かに隠れているからであろう。そこには世界でもまれな人形祭り、雛祭りを生み出した日本人の心性があらわれている。

玩具であり、信仰の対象物であり、またそのどちらでもない人形を観賞用のものにまで昇華させ、さらに芸術上の地位まで与えてしまう、世界でもまれな人形文化を形成する日本人の心性が、雛人形には凝縮されている。そこから物質的な豊かさの一方で、現代人が見失ってしまった、言葉にできない、そして目にも見えない、大切な何かを、発見することができるのではないだろうか。

〔引用文献〕

宮沢朱明　一九一四　「人形玩具辞彙」(二)　『東都』第二号
西澤仙湖　一九二〇　「高倉雛の名称について」『仙湖遺稿筆』　西澤木槿庵
桜井秀　一九二九　『風俗史の研究』　宝文館
有坂与太郎　一九三一　『日本雛祭考』　建設社
久保田米所　一九三六　『玩具叢書人形作者篇』　雄山閣
山田徳兵衛　一九四二　『日本人形史』　冨山房
有坂与太郎　一九四三　『雛祭新考』　建設社
上田令吉　一九四三　『根付の研究』　金尾文淵堂
松本四郎　一九五八　「江戸の職人」『日本産業史大系』関東地方篇　東京大学出版会
山田徳兵衛　一九六一　『新編日本人形史』　角川書店
吉川観方　一九六二　『人形百撰』　京都資料研究会
北村哲郎　一九六七　『日本の美術11人形』　至文堂
池田亀鑑　一九六八　『枕草子評釈』(『池田亀鑑選集』第5巻随筆文学)　至文堂
田中重太郎　一九七二　『枕冊子全注釈』(一)　角川書店
山中裕　一九七二　『平安朝の年中行事』　塙書房
切畑健　一九七三　『門跡尼寺秘蔵人形』　駸々堂
斉藤良輔　一九七五　『ひな人形』　法政大学出版
吉川観方　一九七五　『日本の古人形』　故実研究会出版部
半澤敏郎　一九八〇　『童遊文化史』第三巻　東京書籍
西山松之助　一九八〇　『江戸っ子』　吉川弘文館
金子裕之　一九八五　「祭場と祭具―人形」『日本宗教事典』　弘文堂
沼部春友　一九八五　「祓と禊」『日本宗教事典』　弘文堂
四辻秀紀　一九八九　「尾張徳川家伝来の雛と雛道具」『徳川美術館蔵品抄5雛』
藤田順子　一九九三　『雛と雛の物語』　暮らしの手帖社
笹岡洋一　一九九五　「安永・天明の雛―文化人における雛の名称について」『日本人形玩具学会誌』第5・6号
笹岡洋一　一九九六　「室町雛・寛永雛の周辺」『日本人形玩具学会誌』第7号
篠田紘造　一九九六　『増補幕末百話』　岩波文庫
笹岡洋一　一九九七　「論評に答えて」『日本人形玩具学会誌』第8号
花咲一男　一九九七　『川柳江戸歳時記』　岩波書店
岩淵令治　一九九七　「問屋仲間の機能と構造と文書作成・管理―江戸一番組雛問屋を事例に―」『歴史評論』561号
宍戸忠男　一九九八　「近世御所の雛と雛あそび」『日本人形玩具学会誌』第9号
萩原昌世　一九九九　「『無上法院殿御日記』にみる近衛熙子の雛遊び―公家から武家へ―」『日本人形玩具学会誌』第10号
藤田順子　二〇〇〇　「雛の名工『舟月』を追って」『雛の庄内二都物語』　SPOON編集部
林玲子　二〇〇一　『江戸と上方―人・モノ・カネ・情報』　吉川弘文館
森田登代子　二〇〇一　『近世商家の儀礼と贈答―京都岡田家の不祝儀・祝儀文書の検討―』　岩田書院
笹岡洋一　二〇〇四　「吉徳資料室蔵本『御触書写・細工方願書写』解説」『人形玩具研究』第15号
川名淳子　二〇〇五　『物語世界における絵画領域―平安文学の表現方法』　ブリュッケ
是澤博昭　二〇〇五　『江戸の人形文化と名工原舟月』展図録　とちぎ蔵の街美

術館
涌井実夏　二〇〇九　「史料紹介『お湯殿の上の日記』の人形」『人形玩具研究』第19号
山本幸司　二〇〇九　『穢と大祓—増補版』　解放出版社
川名淳子　二〇一〇　「王朝文化と子供」『王朝の文化を学ぶ人のために』　世界思想社

〈主要参考文献〉

〈明治以前〉

『新編日本古典文学全集』枕草子・源氏物語・栄華物語・蜻蛉日記・紫式部日記（小学館、1997年）／『中世王朝物語全集8』恋路ゆかしき大将・山路の露（笠間書院、2004年）／『新日本古典文学大系31三宝絵注好選』（岩波書店、1997年）／『言継卿記』第一（国書刊行会、1914年）／『時慶記』第一巻（臨川書店、2001年）／『日葡辞書』（岩波書店、1980年）／黒川道祐撰『雍州府志』貞享元年（臨川書店、1968年）／『人倫訓蒙図彙』元禄3年（平凡社東洋文庫519）／『日本歳時記』貞享5年／『雛仲間公用帳』（国立国会図書館所蔵）／『組合入用帳』（国立国会図書館所蔵）／『御触書写・細工方願書写』（吉徳資料室蔵本）／『滑稽雑談』正徳3年（ゆまに書房、1978年）／中田主悦竹翁軒『雑公苦記』明和6年（『未完随筆百種』第16、米山堂、1928年）／『新日本古典文学大系』世間娘容気（岩波書店、1989年）／『西川祐信集』上巻（関西大学出版部、1998年）／北尾重政画『江都二色』安永2年／柳沢信鴻『宴遊日記』安永2年～天明4年（芸能史研究会編『日本庶民文化資料集成』第13巻、三一書房）／稲葉通龍『装剣奇賞』巻七、天明元年／『よしの冊子』（『随筆百花苑』第九巻、中央公論社、1981年）／『寛保延享江府風俗志』寛政4年（『近世風俗見聞集』第3巻、国書刊行会、1913年）／曳尾庵・松平鳩翁『我衣』巻一下（『日本庶民生活史料集成』第15巻、三一書房、1971年）／『飛鳥川』文化7年（『日本随筆大成』第二期5、吉川弘文館、1976年）／『浮世床』初編中、文化8年（『新編日本古典文学全集』）／山東京伝『骨董集』文化12年（『日本随筆大成』第一期15）／『江戸買物独案内』文政7年／喜多村信節『嬉遊笑覧』文政13年刊（名著刊行会、1947年）／『宝暦現来集』天保2年（『近世風俗見聞集』第3巻、国書刊行会、1913年）／『京都商人買物独案内』天保2年／為永春水『春色恵の花』天保7年（『梅ごよみ』博文館、1909年）／斉藤月岑『東都歳時記』天保9年（平凡社東洋文庫159）／『神田明神御祭礼番附』天保12年／喜多川守貞『守貞謾稿』嘉永6年（朝倉治彦編『合本自筆影印守貞漫稿』東京堂出版、1988年）／斉藤月岑『武江年表』嘉永3年（平凡社東洋文庫116）／四壁庵茂蔦『わすれのこり』安政元年（『燕石十種（続）』第2巻、中央公論社、1985年）／日本古典文学大系50『近松浄瑠璃集』下（岩波書店、1959年）／『大日本近世史料』市中取締類集22（東京大学史料編纂所、1996年）／近世史料研究会編『江戸町触集成』第11巻（塙書房、1997年）／『斎藤月岑日記』第四巻（岩波書店、2003年）／『契沖全集』第十巻・第十四巻（岩波書店、1974年）／『本居宣長全集』第十巻（筑摩書房、1968年）／屋代弘賢『古今要覧稿』巻第89（国書刊行会、1906年）／『古典俳文大系貞門俳諧集二』（集英社、1971年）／『豊芥子日記』巻之上巻（『続日本随筆大成』別巻10）／近世史料研究会『江戸町触集成』（塙書房、1994年）／『塩尻』（『日本随筆大成』第三期14）／『筠庭雑考』（『日本随筆大成』第二期8）／大塚嘉樹『蒼梧随筆』（『日本随筆大成』第三期5）／『雛仲間公用帳』（国立国会図書館所蔵）／『誹風柳多留全集』（三省堂、1977年）／『明和誌』（『鼠璞十種』第二、中央公論社、1978年）

〈明治以降〉

『東京名工鑑』（乾）（有隣堂、1879年）／勢多章甫「嘉永年中行事考證」（1888年）『新訂増補故実叢書23』（明治図書出版、1952年）／菊地貴一郎『江戸府内絵本風俗往来』（平凡社東洋文庫50）／有坂与太郎『日本雛祭考』（建設社、1931年）／『人形師久保佐四郎』（白沢会、1933年）／山田徳兵衛『京洛人形尽くし』（芸艸堂、1938年）／有坂与太郎『雛祭新考』（建設社、1943年）／『源氏物語事典』上巻（東京堂、1960年）／山田徳兵衛『新編日本人形史』（角川書店、1961年）／『新訂増補国史大系・徳川実記』（吉川弘文館、1964年）／斉藤良輔『日本人形玩具辞典』（東京堂出版、1968年）／御湯殿上日記研究会『お湯殿の上の日記の研究 宗教・遊芸・文芸資料索引』（平文社、1973年）／『日本古典文学大辞典』第二巻（岩波書店、1984年）／平安文学輪読会『斎宮女御集注釈』（塙書房、1981年）／灰野昭郎『日本の美術277婚礼道具』（至文堂、1989年）／小林すみ江解説『図説日本の人形史』（東京堂出版、1991年）／稲垣規一『根付讃歌』（里文出版、1991年）／木船重昭『中務集相如集注釈』（大学堂書店、1992年）／新編西鶴全集編集委員会『新編西鶴全集』第1巻・自立語索引編上（勉誠出版、2000年）／『神田伸銅物語—紀伊国屋三谷家とその時代—』図録

（千代田区教育委員会、２００４年）／『江戸城』図録（江戸東京博物館、２００７年）／『松井文庫所蔵雛人形・雛道具調査報告書』（八代市立未来の森ミュージアム、２００７年）／『三井家のおひなさま』図録（三井記念美術館、２００７年）／『宝鏡寺の御人形たち』図録（宝鏡寺門跡、２００７年）／『尼門跡寺院の世界』展図録（産経新聞社、２００９年）／平野由紀子『御堂関白集全注釈』（風間書房、２０１２年）／『絵で読む江戸の暮らし風俗大辞典』（柏書房、２００４年）／『東京市史稿』産業編第33巻（１９８９年）／是澤博昭『日本人形の美』（淡交社、２００８年）／是澤博昭『青い目の人形と近代日本』（世織書房、２０１０年）

〔論文〕

小桧山俊「人形師の系譜」１９９～２０３（日本人形協会月刊誌『にんぎょう日本』２００３年４月～９月）／石沢誠司「アマガツとホウコ—その基礎的考察」『京都府立総合資料館紀要』第16号、１９８８年／小井川理「白絵箱の図様と表現—収納箱の事例から—」『彦根城博物館研究紀要』第20号、２００９年

〔初出一覧〕

〈カラー頁〉

「雛の寺、雛街道をゆく」『なごみ』３６３号（淡交社、２０１０年）

「旧竹田宮家の雛と出会う」『なごみ』３７５号（淡交社、２０１１年）

「八代目長三郎と人形」『ある商家の軌跡—紀伊国屋三谷家資料調査報告』（千代田区教育委員会、２００６年）

〈テキスト編〉

第一章

「日本の伝統文化日本人形の世界（38）～（43）　年中行事雛祭り（一）～（六）」『にんぎょう日本』４５４～４５９号（日本人形協会、２０１２～１３年）

第二章

「日本の伝統文化日本人形の世界（44）～（46）　年中行事雛祭り（七）～（九）」『にんぎょう日本』４６０～４６２号（日本人形協会、２０１３年）

「竹田宮家の雛と雛道具—伝統と革新の融合」『旧竹田宮家所蔵品受贈記念ひなかざり』展図録（根津美術館、２０１１年）

第三章

「江戸の雛祭—成立過程・名工・上田からの再検討—」『上田の雛人形』展図録（上田市立博物館、２００３年）

第四章

「江戸雛成立過程の研究—古今雛・原舟月に関する通説の再検討—」『人形玩具研究』第11号（日本人形玩具学会、２０００年）

「江戸の人形文化と名工原舟月—人形師・雛祭り・山車人形、そして近代彫刻へ—」『江戸の人形文化と名工原舟月』展図録（とちぎ蔵の街美術館、２００５年）

第五章

「寛政の改革と芥子雛・雛道具—極小美の誕生」『東洋大学アジア・アフリカ文化研究所研究年報』第36号、２００２年

■雛年表

時代		一般事項	雛関連事項	出典	図像
10世紀中頃	平安		「ひひな」遊びにかけた歌の初出。	『斎宮女御集』	
11世紀初め	平安		「ひひな」遊びが、季節に関係のない、女児の遊びのように描かれはじめる。	『枕草子』・『源氏物語』・『栄華物語』など	
12世紀中頃	平安		「にんぎょう(人形)」という言葉の初出。	『色葉字類抄』	
15世紀中頃	室町		上巳、節分、厄年などを祓うための「御人きやう(人形)」という用語がみられる。	『お湯殿の上の日記』	
16世紀中頃	安土桃山		「ひな」が人形の意も表しはじめる。(「ひひな」という語が衰退し「ひな」へ。そして「ひひな」と祓いの人形が混同される?)	『お湯殿の上の日記』	
１５９１	天正19		3月3日に雛遊びが宮中でおこなわれた記録。	『時慶記』	
１６０３	慶長8	徳川家康、征夷大将軍			
１６１５～１６２３	元和期		徳川幕府が五節句を定める。		
１６２３	元和9	三代将軍家光(～１６５１)			
１６２５	寛永2		3月3日二代将軍秀忠の娘東福門院和子により皇女興子のために雛遊びが催される。	『お湯殿の上の日記』	
１６３７～１６４４頃	寛永14～正保1		武家側で、雛遊びが正式な年中行事に組み込まれはじめる?	尾張徳川家「源敬様御代記録」、『大猷院殿御実紀』巻五六	
１６４８	慶安1		五月節句の甲と雛道具の華美を戒める禁令。	『江戸町触集成』二四	 ① 『骨董集』延宝・天和の時代の冑人形図

1656	明暦2		あやつり・からくり人形に関する禁令。		 ② 天和3年『貞徳狂歌集』の図  ③ 元禄4年『月次の遊び』の図
1673〜1680頃	延宝頃		民間で雛遊びが上巳の節句におこなわれはじめる。		④貞享5年『日本歳時記』の図 ▼97頁
1680	延宝8	五代将軍綱吉(〜1709)			
1683	天和3		山車人形の装束の華美を戒める禁令。		
1685	貞享2	生類憐みの令(〜1709)			
1687	貞享4		江戸で雛市が立つという記録。	『江戸鹿子』	
1700	元禄13	徳川光圀(水戸黄門)没			
1704	元禄17		雛人形(束帯の雛)に関する初めての禁令。		 ⑤ 元禄16年『小児必用養育草』の図
1716	享保1	八代将軍吉宗(〜1745)			
1721	享保6		八寸以上の雛や人形、贅沢な雛道具などへの禁令(以降、この禁令の内容が江戸時代をつうじて基準となる)。	『江戸町触集成』五七五〇	
1722	享保7		京都の公家の日記に3月3日の雛遊びは近頃の風習だという記述。	『基熙公記』	
1735	享保20		八寸以上の雛や人形、贅沢な雛道具などのへ禁令。		
1740頃	元文5頃		光照院の次郎左衛門雛の作例。		▼30頁

時代		一般事項	雛関連事項	出典	図像
1742	寛保2		雛祭りが女子の誕生を祝う行事として定着をはじめる。	『絵本和泉川』	⑥寛保2年『絵本和泉川』の図 ▼96頁
1758	宝暦8		有職雛の出現が予想される記録。	『野宮定晴卿記』	
1759	宝暦9		八寸以上の雛や人形、贅沢な雛道具などへの禁令。	『江戸町触集成』七三二四	
1760	宝暦10		江戸とその周辺に京都製の雛人形が数多く流入し、江戸の雛仲間が京都の同業者へ苦情を申し入れる。	『雛仲間公用帳』	
1761	宝暦11		「室町二丁目　雛屋次郎左衛門」の名前があらわれる。	『武鑑』	
1761頃	宝暦11頃		加賀前田家の次郎左衛門雛（成巽閣所蔵）の作例。		▼31頁
1751〜1763頃	宝暦頃		「雛遊び」から「雛祭り」という語が主流になりはじめる。	『世間娘容気』『軼随筆』ほか	
1751〜1771頃	宝暦・明和頃		現在の雛祭り（3月3日に女子の初節句を祝う）の確立？		
1767	明和4	田沼意次側用人となる（田沼時代〜1786）			
1764〜1788頃	明和〜天明頃		禁令が無視され、雛祭りが華美になり、五人囃子があらわれ、雛段も高くなる。	『雑交苦口記』『宴遊日記』ほか	
1772〜1788頃	安永・天明頃		関東風の節句飾りが京都の武家ばかりか一部の公家社会へも浸透？	『蒼梧随筆』	
1783	天明3		柳沢信鴻、雛市で尺七寸の古今雛を購入。	『宴遊日記』	
1787	天明7	松平定信、老中となる（寛政の改革〜1793）			
1789	寛政1		八寸以上の雛や人形、贅沢な雛道具などへの禁令。		
1790	寛政2		寛政の改革により、八寸以上の高さの人形などが厳しく取り締まられ、多くの雛商が摘発される。	『雛仲間公用帳』	
1795頃	寛政7		雛の大きさを制限した禁令への反発から、江戸で小さく贅をつくした芥子雛が流行する？		

1803	享和3		芥子細工に関する禁令。	『江戸町触集成』一一二二二一	
1804～1829頃	文化・文政頃		江戸の雛祭りは、女性の人形祭りとして円熟期を迎える。古今雛・芥子雛・雛道具・五人囃子が流行する。		⑦文化2年の歌麿の浮世絵 ▶125頁  ⑧天保5年『江戸名所図会』の図
1824	文政7		「御雛師原舟月」の名がみえる。	『江戸買物独案内』	
1835	天保6		京都の町にも江戸生まれの京風古今雛流行か？	『甲子夜話三編』	
1841	天保12	天保の改革（～1843）・株仲間の解散令			
1844～1867頃	弘化～慶応頃		象牙頭の芥子雛・木目込みの芥子雛・銀製の雛道具など多種多様な雛飾りが身分を超えて流行。官女・随身などの人形も出揃う。		⑨永嶋孟斎の浮世絵 ▼124頁
1853	嘉永6	ペリー浦賀に来航			
1868	明治1	明治維新			
1873	明治6		改暦に伴う五節句の廃止により、雛祭りなど旧暦に基づく生活習俗が衰退。		
1894～	明治27～		日清戦争の影響などにより、五月飾りをはじめとする伝統的な節句行事が復活しはじめる。		
1897～1907	明治30～40		雛祭りが再び盛んになる。	『東京風俗志中の巻』	 ⑩明治34年『東京風俗志中の巻』の図
1913頃	大正2頃		雛人形販売の中心が、雛市から百貨店へと移る（雛市の終焉）。		

◆雛人形が観賞できる施設

【表記について】
◆施設名（★は本書に掲載した雛人形の所蔵先）
　展示される雛人形について
・展覧会期間／期間中の休館日／観覧料金（大人）
・住所と問い合せ先（▼HPはホームページ参照）

秋田県

◆仙北市立角館樺細工伝承館
古雛（享保雛・古今雛など）、押絵、土人形（中山人形、八橋人形など）、その他（木彫り人形、雛道具、錦絵など）の資料を組み合わせて展示。
・毎年2月上旬～4月上旬／無休／300円
・仙北市角館町表町下丁10　Tel.0187-54-1700

山形県

◆本間美術館
館蔵の白巽文庫コレクション・風間家寄贈雛壇飾り一式・秋野家寄贈武者人形など、江戸時代初期から明治までの古典人形70組200余体を展観。
・毎年2月下旬～4月上旬／無休／900円
・酒田市御成町7－7　Tel.0234-24-4311　▼HP

◆致道博物館
旧庄内藩主酒井家伝来の有職雛などの雛人形や、田安徳川家、熊本藩細川家から輿入れされた姫君持参の雛道具を、藩主の隠居所「御隠殿」で公開。
・毎年3月1日頃～4月3日頃／無休／700円
・鶴岡市家中新町10－18　Tel.0235-22-1199　▼HP

宮城県

◆白石・人形の蔵
江戸期の雛人形、東北地方の土雛（堤人形・相良人形・下小菅人形・中山人形など）。古今雛のうち一対は、伝伊達家伝来の60cm大の衣裳雛である。
・毎年2月中旬～4月中旬／水曜／400円
・白石市城北町4－18　Tel.0224-26-1475　▼HP

福島県

◆須賀川市立博物館
当館は「雛のいる博物館」として知られ、昭和45年の開館以来「雛人形展」を開催。江戸時代の豪華な享保雛をはじめとして、古今雛・芥子雛・御殿飾雛など多数の雛人形を収蔵展示している。
・毎年1月中旬～3月上旬／月曜、祝日の翌日（土・日は除く）／200円
・須賀川市池上町6　Tel.0248-75-3239　▼HP

茨城県

◆茨城県立歴史館
一橋徳川家に伝来する優品の雛人形などを展示する。
・毎年2月上旬～3月上旬／月曜（祝日の場合は開館、翌日休）／580円
・水戸市緑町2－1－15　Tel.029-225-4425　▼HP

◆徳川ミュージアム
水戸徳川藩歴代の藩主や夫人の持ち物であった雛人形や、第15代当主が収集した雛人形を展示。
・毎年1月上旬～3月下旬／月曜（祝日の場合は開館）／1155円
・水戸市見川1－1215　Tel.029-241-2721　▼HP

埼玉県

◆遠山記念館
享保雛・次郎左衛門雛（立雛）・古今雛・立雛（江戸時代中期～後期）・元禄雛・象牙雛・御殿雛（久保佐四郎作）・風流御殿雛（象牙製に見えるが実はセルロイドで作られている限定物）など。
・毎年2月第2（または第1）土曜頃～3月第2日曜頃／月曜（祝日の場合は

開館、翌日休）／700円
・比企郡川島町白井沼675　Tel.049-297-0007　▼HP

◆**鴻巣市産業観光館「ひなの里」**
雛人形の生産地として知られる鴻巣市に伝わる貴重な人形（かみしも雛・古今雛）に加え、特長のよくあらわれた「鴻巣雛」も展示。
・常時／水曜、年末年始／無料
・鴻巣市人形1－4－20　Tel.048-544-1730　▼HP

◆**東玉 人形の博物館**
嘉永5年（1852）から続く人形製造元が収集した享保雛などの貴重なコレクション約3千点から、年数回テーマを変えながら50～60点を常設。
・常時／月曜／300円
・さいたま市岩槻区本町3－2－32東玉人形ビル4階　Tel.048-756-1111

◆**お人形歴史館 東久**
江戸時代からの人形、岩槻かみしも雛1千体ほか、人形の製作工程を展示。
・常時／5月～10月の水曜／300円
・さいたま市岩槻区加倉1－7－1　Tel.048-757-3032

東京都

◆**三井記念美術館★**
三井家の夫人や娘たちが愛した雛人形・雛道具の華麗なる競演が楽しみな恒例の展覧会。とくに京都の五世大木平藏が特別に制作した、11代高公の娘浅野久子氏の幅3メートル、高さ5段の豪華な雛段飾りは必見。
・毎年2月上旬～4月上旬／月曜（祝日の場合は開館、翌日休）／1000円
・中央区日本橋室町2－1－1　Tel.03-5777-8600　▼HP

◆**東京国立博物館★**
江戸時代後期～明治初期に製作された町雛を中心とする雛人形と雛道具、伝統的な日本人形（御所人形・衣装人形・嵯峨人形・加茂人形など）。
・毎年2月上旬～4月上旬の間で1か月程度／月曜（祝日の場合は開館、翌日休）／600円
・台東区上野公園13－9
Tel.03-5777-8600（ハローダイヤル）03-3822-1111（代表）　▼HP

◆**山崎記念中野区立歴史民俗資料館**
江戸時代から昭和初期までの雛人形を中心に約40組を毎年展示。
・毎年2月9日頃～3月16日頃／月曜、第3日曜／無料
・中野区江古田4－3－4　Tel.03-3319-9221

◆**目黒雅叙園**
館内の東京都指定有形文化財「百段階段」をつかって『百段雛まつり』を開催。毎年異なる全国各地の雛人形を紹介する。
・毎年1月下旬～3月上旬／無休／1500円
・目黒区下目黒1－8－1　Tel.03-3491-4111　▼HP

神奈川県

◆**横浜人形の家**
雛人形2組は常設展示。春の企画展は毎年テーマを決めて構成。例えば2013年の場合は「段飾りの競演」と題し、三人官女・五人囃子など揃いの雛人形を中心に展示する。
・企画展は毎年1月下旬～3月下旬／月曜（祝日の場合は開館、翌日休）／300円
・横浜市中区山下町18　Tel.045-671-9361　▼HP

◆**鎌倉国宝館★**
鎌倉や近隣の所蔵者から寄贈寄託を受けた江戸時代の雛人形、雛道具を中心に展示。享保雛・芥子雛・立雛・御所人形・ミニチュアの調度品など多彩。
・毎年2月中旬～3月下旬／月曜（祝日の場合は開館、翌日休）／400円
・鎌倉市雪ノ下2－1－1　Tel.0467-22-0753　▼HP

長野県

◆**長野県立歴史館★**
「田中平八家の雛人形、雛道具」を中心に、館蔵品を展示。
・平成24年度冬季展は1月12日～3月3日／月曜（祝日の場合は開館、翌日休）、1月22日、2月19日／冬季展は300円
・千曲市屋代260－6　Tel.026-274-2000　▼HP

◆**豪商の館 田中本家博物館**
江戸時代から続く田中本家代々の女児の初節句に飾られた雛人形約250点が展示され、各時代の雛人形の変遷をたどることができる。
・毎年2月中旬～4月上旬／無休／700円
・須坂市大字小山穀町476　Tel.026-248-8008　▼HP

◆**諏訪市博物館★**
国内最大級の古今雛である清昌院の雛人形を中心に、諏訪神社神官や高島藩士の家に伝わった雛などを展示。

・2年に1度、2月上旬〜3月下旬／月曜、祝日の翌日／300円
・諏訪市中洲171−2　Tel.0266-52-7080　▼HP

◆**上田市立博物館★**
上田市域に伝わる江戸〜昭和初期の享保雛・古今雛・御殿飾り・段飾り・押絵雛など。
・毎年2月上旬〜3月下旬／水曜、祝日の翌日／250円
・上田市二の丸3−3（上田城跡公園内）　Tel.0268-22-1274　▼HP

岐阜県

◆**日下部民藝館**
日下部家代々の当主のもとへ嫁入り道具として持参された雛人形を一つの雛段に展示。大きな御殿に雅楽衆や五人囃子、京都の葵祭行列の人形、蹴鞠人形などが飾られる。その他、木目込人形や高山の土雛など。
・毎年3月1日〜4月3日／無休／500円
・高山市大新町1−52　Tel.0577-32-0072　▼HP

◆**平田記念館**
寛政年間の古今雛（源氏枠）、三人官女の表情（顔）の面白さが特色。
・毎年3月1日〜4月15日／無休／300円
・高山市上二之町39　Tel.0577-33-1354　▼HP

石川県

◆**成巽閣★**
次郎左衛門雛・有職雛・古今雛などすべて前田家伝来のものを展示。特に次郎左衛門雛2対は古い由緒があり趣深い。
・毎年2月上旬〜4月中旬／水曜／1000円
・金沢市兼六町1−2　Tel.076-221-0580　▼HP

愛知県

◆**徳川美術館★**
尾張徳川家の姫君のために誂えられた上質な雛人形や一つ一つに家紋が入った雛道具類に眼を見張る。また、人形や雛道具が所狭しと並べられる明治・大正・昭和の雛段飾り（幅7メートル）は圧巻。
・毎年2月上旬〜4月上旬／月曜（祝日の場合は開館、翌日休）／1200円
・名古屋市東区徳川町1017　Tel.052-935-6262　▼HP

滋賀県

◆**彦根城博物館**
井伊家13代直弼の愛娘弥千代の雛と大揃いの雛道具を、地元の旧家に伝来した古今雛や御殿飾りなどとともに公開。
・毎年2月上旬〜3月上旬／無休／500円
・彦根市金亀町1−1　Tel.0749-22-6100　▼HP

京都府

◆**京都国立博物館**
現代では珍しくなった関西風の御殿飾りと、一般的な関東風の段飾り二種類の大きな雛段を中心に、江戸時代からの雛人形の歴史をたどる展示。
・毎年2月中旬〜3月下旬（但し現在工事中のため次は平成27年から）／月曜（祝日の場合は開館、翌日休）／500円
・京都市東山区茶屋町527　Tel.075-525-2473　▼HP

◆**京都文化博物館**
安政年間（1854-60）吉川観方コレクションの有職雛など、江戸時代の名品を中心に、京都府の所蔵となった雛人形を展示。
・毎年2月上旬〜3月下旬／月曜（祝日の場合は開館、翌日休）／500円
・京都市中京区高倉通三条上る　Tel.075-222-0888　▼HP

◆**象彦漆美術館★**
象彦当主西村家で代々受け継がれてきた江戸から大正期にかけての雛人形とミニチュアの雛道具、雛祭に飾って愛でたい漆の逸品を展示。
・2013年2月2日〜4月2日／水曜（祝日の場合は開館、翌日休）／300円
・京都市左京区岡崎最勝寺町10　象彦本店2階　Tel.075-752-7790　▼HP

◆**博物館さがの人形の家**
室町雛、元禄雛、享保雛、次郎左衛門雛、天児、這子、現代の名工の雛（安藤桂甫、大橋弌峰）など江戸時代より現代までの雛人形を展示。
・毎年2月中旬〜4月中旬／火曜／800円
・京都市右京区嵯峨鳥居本仏餉田町12　Tel.075-882-1421　▼HP

◆**宝鏡寺★**
孝明天皇遺愛の人形をはじめ、数多くの由緒ある雛人形が、春秋二回、一般公開される。京人形を中心に各地の新作や実物大の人形も展示。
・毎年3月1日〜4月3日、11月1日〜11月30日（平成25年のみ1月10日〜

4月3日）／無休／600円／※事前申込制
・京都市上京区寺之内通堀川東入ル百々町547　Tel.075-451-1550　▼HP

兵庫県

◆日本玩具博物館

江戸期から昭和中期までの雛人形や日本各地の郷土雛など、所蔵約500組のうちの雛人形約50組が特別展会場に展示される。とくに豪華な京阪製の御殿飾り雛が例年10組以上展示され、人気がある。
・毎年2月上旬～4月上旬／水曜／500円
・姫路市香寺町中仁野671－3　Tel.079-232-4388　▼HP

鳥取県

◆米子市立山陰歴史館

米子市の素封家、故・坂口真佐子氏の収集した雛人形「素鳳コレクション」の一部を展示。江戸時代末期の次郎左衛門雛や嵯峨人形が有名である。
・毎年2月頃～5月頃／火曜、祝日の翌日／500円
・米子市中町20　Tel.0859-22-7161　▼HP

山口県

◆毛利博物館

「次郎左衛門雛」の段飾りを中心に、毛利家伝来の雛道具や、お姫さまゆかりの品々を展示。
・毎年2月上旬～4月上旬／無休／700円
・防府市多々良1－15－1　Tel.0835-22-0001　▼HP

徳島県

◆徳島市立徳島城博物館

江戸時代の雛の流行と変遷をたどることができる雛人形とともに、市民から寄贈された御殿飾り・段飾りを展示。蜂須賀家伝来の天児ほかも紹介。
・毎年2月上旬～4月上旬／月曜（祝日の場合は開館）、祝日の翌日／300円
・徳島市徳島町城内1－8　Tel.088-656-2525　▼HP

愛媛県

◆愛媛県歴史文化博物館

西条藩松平家伝来の有職雛のほか、次郎左衛門雛・享保雛・古今雛、各種の御殿飾りと段飾り、明治天皇と皇后の変わり雛などを展示。
・毎年2月中旬～4月上旬／月曜（春休み中無休）／300円（変更あり）
・西予市宇和町卯之町4－11－2　Tel.0894-62-6222　▼HP

高知県

◆土佐山内家宝物資料館

伏見宮貞愛親王の姫宮禎子が明治34年、17代山内豊景氏との婚礼に際して持参した有職雛を展示。
・毎年2月上旬～3月上旬／無休／300円
・高知市鷹匠町2－4－26　Tel.088-873-0406　▼HP

佐賀県

◆財団法人鍋島報效会 徴古館

明治期～昭和初期の侯爵鍋島家三代にわたる歴代夫人の所持した雛人形と雛道具。永徳斎の有職雛、次郎左衛門雛、大木平蔵の雛人形一式、極小の銀製雛道具などを展示。
・毎年2月第3土曜～3月31日／無休／300円
・佐賀市松原2－5－22　Tel.0952-23-4200　▼HP

長崎県

◆松浦史料博物館★

九州で有数の道具類の豊富さが見どころ。
・毎年1月上旬～4月3日／無休／500円
・平戸市鏡川町12　Tel.0950-22-2236　▼HP

熊本県

◆松井文庫★

松井家に輿入れされた夫人方が持参したり、姫君の誕生を祝って調えられたもの、藩主細川家より拝領したものなどを「松浜軒」に展示。
・毎年2月1日～3月31日／月曜（祝日の場合は開館、翌日休）／300円
・八代市北の丸町3－15　Tel.0965-33-0171

鹿児島県

◆尚古集成館

5代将軍徳川綱吉の養女竹姫が島津家にお嫁入りした際に持参したといわれる雛道具をはじめ、島津家伝来の人形を多数展示。
・毎年2月上旬～4月下旬／無休／1000円
・鹿児島市吉野町9698－1　Tel.099-247-1511　▼HP

●本書に掲載した雛人形・道具

	製作年	所蔵先	掲載頁
一　雛人形の様式			
立雛		浅原コレクション	9頁
立雛		さいたま市	10頁
立雛		さいたま市	11頁
寛永雛		浅原コレクション	12頁
寛永雛		さいたま市	13頁
古式享保雛		田口家	14頁
古式享保雛		柳澤家	15頁
享保雛		さいたま市	16頁
享保雛		鎌倉国宝館寄託	17頁
次郎左衛門雛		東京国立博物館	18頁
次郎左衛門雛（真龍院所縁）	文化5年（1808）	成巽閣	19頁
有職雛・直衣姿	天保7年（1836）	宝鏡寺	20頁
有職雛・狩衣姿		さいたま市	21頁
古今雛		柳澤家	22頁
古今雛		さいたま市	23頁
古今雛		鎌倉国宝館	24頁
京風古今雛	文久元年（1861）	鎌倉国宝館	25頁
古今雛十七人揃い		浅原コレクション	26頁
二　武家から公家へ			
次郎左衛門雛（浄明心院宮御料）	伝元文5年（1740）以前	光照院	30頁
次郎左衛門雛（預玄院所縁）	宝暦11年（1761）頃	成巽閣	31頁
有職雛・狩衣姿（普明浄院宮御料）		大聖寺門跡	32頁
有職雛・狩衣姿（三麼地院宮御料）	天保3年（1832）	宝鏡寺	34頁
有職雛・束帯姿		霊鑑寺	36頁
有職雛・狩衣姿		浅原コレクション	40頁
御所人形・産着這い這い		霊鑑寺	39頁
御所人形・紅の着衣		霊鑑寺	39頁
御所人形・頭巾被り		霊鑑寺	39頁
御所人形・お座り		霊鑑寺	39頁
御所人形・這い這い		霊鑑寺	39頁

三　ひろがる雛の世界

古今雛（清昌院所用）	文化12年（1815）	諏訪市博物館	42頁
七人雅楽（清昌院所用）		諏訪市博物館	43頁
芥子雛と雛道具（蓁姫所用）	文化6年（1809）	松浦史料博物館（写真借用）	44頁
京風古今雛（貞操院所用）	天保10年（1839）	松井文庫（写真借用）	45頁
土浦・尾形家の雛飾り		個人	46頁
栃木・善野家の雛飾り	天保11年（1840）	個人	48頁
川越・服部家の雛飾り	嘉永頃（1848－54）	山新記念服部民俗資料館	49頁
京都・西村家の雛飾り		個人	51頁
京風古今雛	弘化4年（1847）	個人	52頁
京風古今雛（玉眼）	明治2年（1869）	個人	53頁
玉翁の京風古今雛		鎌倉国宝館寄託	53頁
上田・成澤家の雛飾り		上田市立博物館寄託	54頁
雅楽八人衆		さいたま市	57頁
犬筥		さいたま市	58頁
天児		浅原コレクション	59頁
這子		浅原コレクション	59頁
芥子雛源氏枠飾り		浅原コレクション	60頁
三谷家・牙首芥子雛	嘉永～安政頃（1848－60）	東京国立博物館	61頁
阿部家・芥子雛と雛道具	弘化3年（1846）頃	鎌倉国宝館	65頁
紫檀製象牙蝶番雛道具		浅原コレクション	66頁
銀製雛道具		三井記念美術館（写真借用）	67頁
内裏雛　御白髪の翁・媼　原舟月作	文政10年（1827）	江戸東京博物館（東京都歴史文化財団イメージアーカイブ）	68～69頁
三五雛		さいたま市	69頁
奈良一刀彫の内裏雛　森川杜園作		鎌倉国宝館寄託	70頁
紙製立雛　久保佐四郎作	明治43年（1910）	浅原コレクション	70頁
木目込み稚児雛　野口光彦作	昭和初期	浅原コレクション	70頁

四　雛の近代

旧竹田宮家・有職雛と雛道具	明治22年（1889）頃	根津美術館（写真借用）	72頁
田中平八家・御殿と芥子雛、雛道具	明治31年（1898）頃	長野県立歴史館	74～75頁
有職雛（三井苞子旧蔵）		三井記念美術館（写真借用）	77頁
内裏雛（三井苞子旧蔵）　三世大木平蔵作	明治27年（1894）	三井記念美術館（写真借用）	77頁
尾張徳川家三代の雛飾り		個人（写真借用）	78～80頁

あとがき

　雛人形の名工として名高い「萬《よろず》木彫細工人」原舟月は、数センチの芥子雛から数メートルもする山車《だし》人形まで、客の求めに応じて作りこなし、その合間に根付《ねつけ》を彫り、木彫の置物を製作する職人であった。舟月をはじめとする江戸の人形師は、雛人形師・山車人形師・根付師などという枠にはとどまりきれない人々であることを実証する『江戸の人形文化と名工原舟月』展（とちぎ蔵の街美術館、二〇〇五年）を企画監修した後、やはりどうしても気になったのが雛人形の多様性であった。現在のような雛祭りが形を整えてから二五〇年あまり。世界に類のない日本ならではの人形祭りでありながら、その文化的な意味はあまり顧みられることはなかった。雛祭りから生まれたさまざまな雛人形の姿を追うことで、日本の伝統文化の一端に触れてみたいと思ったのが本書のきっかけである。

　個人コレクションの逸品から、最高級の雛の形を追うかたわら、持ち主と由来や年代などがわかる雛人形で、しかもその背景や物語まで紹介できるものを求めて旅をした。京都の門跡尼寺にお参りし、江戸の面影を訪ねて利根川をのぼり、街道の拠点・信州上田の雛飾りから、京文化・江戸文化の地方へのひろがりをさぐった。京雛と江戸雛の姿を改めて見つめなおすことで、その違いに驚く自分がいた。ここには全く別の雛祭りがあったのだ。

　栃木・川越・土浦の商家に伝わる雛は、江戸の息吹が立ち上り、町人の粋が漂う。小さなものや派手なものへ対する過剰ともいえるこだわり。江戸の雛は八百八町の住民たちが創り上げた形である、とつくづく思う。庶民の生活をすみずみまで規制した幕府の裏をかき、彼らは実用性を無視した贅沢品芥子雛・雛道具などを生み出す。それが今度は規制する側の妻や娘を魅了してしまい、上層下層の別なく町にも大奥にも流行する。雛人形には、身分を超えた江戸の女性たちの美意識があらわれている。

　一方、尼門跡の有職雛の美しさは、本来雛が飾られている空間だからこそみられる美であることを知る。大聖寺・宝鏡寺・霊鑑寺の書院に飾られる雛に出会うまで、これまで何度も有職雛に出会い、展示ケースに飾った経験をもちながら、その美しさに触れられなかったのは何故だろう、と改めて思う。御前さまの住まわれる処こそ、雛が真に輝く場所なのかもしれない。

そして光照院の気品に満ちた次郎左衛門雛は、まさに悠久の時を感じさせる雛の源流であり、成巽閣のそれは雛人形の誕生を実証する優品だ。おそらく筆者の知らない名品が、全国には多数あるだろう。雛との出会いを求めて、これからも調査の旅を続けてみたい。

なお本書を著すにあたり多くの人々にお世話になった。非常勤講師時代、週一回吉徳資料室で人形玩具関係の資料に直接触れる機会とご指導をいただいた小林すみ江氏、先代の故山田徳兵衛社長、業界紙『にんぎょう日本』に連載の機会を与えてくださった八木駿一郎会長をはじめとする日本人形協会の皆さん、数多くのご教示を賜った故北村哲郎先生、雛人形研究家笹岡洋一先生、展示をはじめ調査の際にお世話になった学芸員の方々、また日本語史がご専門の大妻女子大学吉田光浩教授及び同大図書館の高橋早智子さんには、平安・室町期にかんする文献・研究動向等の相談に乗っていただいた。

特に人形蒐集家浅原革世氏には感謝している。写真家大屋孝雄さんをご紹介いただいたばかりか、その独特の審美眼とお人柄で、諸般の事情でややもすると節句人形の世界から距離をおこうとする筆者を、結果的につなぎとめてくれたからだ。

また名前を記すことはできないが、お世話になったすべての方々に衷心より感謝したい。

二〇一二年一二月二五日

是澤博昭

是澤博昭　これさわ・ひろあき

大妻女子大学家政学部児童学科准教授・博士（学術）。
一九五九年生まれ。東洋大学大学院修士課程修了。
専攻：児童学・児童文化論（人形玩具文化論）・日本人形史。
著書：『日本人形の美』（淡交社）、
『青い目の人形と近代日本』『教育玩具の近代』
『子ども像の探究』（以上、世織書房）ほか。
展覧会図録：『江戸の人形文化と名工原舟月』（とちぎ蔵の街美術館）、
『日本人形の美と幻想』（茨城県立歴史館）、
『旧竹田宮家所蔵品受贈記念ひなかざり』（根津美術館）ほか。
そごう美術館「日本人形の美」展（二〇一〇年）をはじめ
各地の人形玩具関連の展覧会の監修指導のかたわら、
近年は祭礼に使用される山車人形の調査などにも従事する。

写真：大屋孝雄
翻訳：鮫島圭代
ブックデザイン：ひねのけいこ

決定版 日本の雛人形
江戸・明治の雛と道具六〇選

二〇一三年二月一四日　初版発行

著者　是澤博昭
発行者　納屋嘉人
発行所　株式会社 淡交社
本社　〒六〇三－八五八八　京都市北区堀川通鞍馬口上ル
電話　[営業] 〇七五（四三二）五一五一
[編集] 〇七五（四三二）五一六一
支社　〒一六二－〇〇六一　東京都新宿区市谷柳町三九の一
電話　[営業] 〇三（五二六九）七九四一
[編集] 〇三（五二六九）一六九一
http://www.tankosha.co.jp

印刷製本　図書印刷株式会社

ISBN978-4-473-03852-4